Deutschfix

Rechtschreibung, Zeichensetzung und Grammatik

Arbeitsheft

Hennes Heuckmann
Manfred Maier
Uli Mezger

Ernst Klett Verlag
Stuttgart · Leipzig

Vorwort

Liebe Schülerin, lieber Schüler,

mit diesem Arbeitsheft können Sie Ihre Kenntnisse in Rechtschreibung, Zeichensetzung und Grammatik auffrischen und weiter vertiefen.

Die sieben Kapitel folgen dem Schema: Einführung mit Grundregel, Regeln mit Übungen und vielen Tipps in Sprechblasen und einem Abschlusstest zur Überprüfung des Gelernten.

Rechtschreibung, Zeichensetzung und Grammatik werden dabei nicht einzeln betrachtet, sondern sinnvoll miteinander verzahnt. Es gibt zum Beispiel die einfach zu merkende Grundregel der Rechtschreibung, dass die Konjunktion (das Bindewort) „dass" immer mit Doppel-s geschrieben wird. Um keine Fehler zu machen, müssen Sie also erkennen, wann die Konjunktion gebraucht wird. Dazu bekommen Sie Hilfen in Grammatikkästen. Wenn Sie sich dann noch merken, dass vor einem Nebensatz mit „dass" ein Komma stehen muss, kann eigentlich nichts mehr schiefgehen.

Sie finden in den Kapiteln farblich abgehobene Regelkästen zur
- Rechtschreibung (mit „R" gekennzeichnet),
- Zeichensetzung (mit „Z" gekennzeichnet),
- Grammatik (mit „G" gekennzeichnet).

Wenn Sie selbstständig überprüfen wollen, ob Sie die Aufgaben eines Kapitels richtig gelöst haben, können Sie im Internet unter **www.klett.de/online** den **Online-Link** eingeben, der am Ende jedes Kapitels abgedruckt ist. Wenn Sie dem Link folgen, erhalten Sie die richtigen Lösungen.

Nun wünschen wir Ihnen viel Spaß und Erfolg.

Autoren und Verlag

Hinweis: In der Reihe „Deutschfix" erhalten Sie zudem den Schülerband „Grundlagen Deutsch" (104 Seiten), Klett Bestellnummer: 978-3-12-803801-8.

Die so gekennzeichneten Aufgaben sollen auf einem separaten Blatt gelöst werden.

1. Auflage   1 6 5 4 3 2 | 2013 2012 2011 2010 2009

Alle Drucke dieser Auflage sind unverändert und können im Unterricht nebeneinander verwendet werden.
Die letzte Zahl bezeichnet das Jahr des Druckes.

Internetadresse: www.klett.de

Redaktion: Andrea Höppner
Herstellung: Judith Fuhrmann
Satz: Arnold & Domnick Verlagsproduktion, Leipzig
Druck: Walter Wirtz Druck & Verlag, Speyer

Printed in Germany

ISBN 978-3-12-803804-9

9 783128 038049

Inhaltsverzeichnis

Laute und Buchstaben

Grundregel: Es ist im Deutschen grundlegend geregelt, welcher Laut mit welchem Buchstaben geschrieben wird.

Vokale

1 **Fügen Sie in den folgenden Bericht die Buchstaben *a, e, i, o, u* sowie die Umlautbuchstaben *ä, ö, ü* ein. Beachten Sie: In einem Bericht werden die Verben (Tätigkeitswörter) in der Vergangenheitsform benutzt.**

Rechtschreibung

Regel 1: Jedem Vokal (Selbstlaut) ist grundsätzlich ein bestimmter Buchstabe zugeordnet.

Beispiel: Der Laut *a* wird mit dem Buchstaben *a* geschrieben.

Ein Tor war gefallen – doch der Jubel blieb aus

In der m_t Sp_nn_ng erw_rt_t_n Sp_tz_nb_g_gn_ng st_nd es k_rz v_r Schl_ss n_ch 1:1. Die Pl_tzh_rr_n b_n_t_gt_n m_t Bl_ck auf d_n Tit_lg_w_nn j_d_ch unb_d_ngt n_ch e_n_n Tr_ff_r. D_sh_lb w_rd_ d_s T_r d_s G_gn_rs un_nt_rbr_ch_n b_st_rmt. Ab_rm_ls spr_ng d_r qu_rl_g_ d_n_sch_ M_tt_lst_rm_r h_ch, um d_n sch_rf v_r d_s T_r g_z_g_n_n B_ll m_t d_m K_pf z_ erw_sch_n. In d_r L_ft pr_llte er j_d_ch m_t d_m T_rh_t_r z_s_mm_n, d_r d_s L_d_r n_ch kn_pp üb_r d_s T_r l_nk_n k_nnt_. T_rw_rt und St_rm_r st_rzt_n ins T_rn_tz. D_r pl_tzl_ch_n D_pp_lb_l_st_ng k_nnt_ e_n_r d_r T_rpf_st_n n_cht st_ndh_lt_n. Er br_ch kn_pp ob_rh_lb d_s R_s_ns ab und k_ppt_ n_ch h_nt_n w_g!

Ordn_r und H_lf_r v_rs_cht_n n_ch m_n_t_nl_ng, d_s T_r pr_v_s_r_sch h_rz_r_cht_n. Sie sch_fft_n es n_cht. D_nn w_rd_ endg_lt_g abg_br_ch_n.

2 **Vergrößern Sie die Wortfamilien um jeweils mindestens zehn Wörter. Schreiben Sie die Substantive mit großen Anfangsbuchstaben.**

Fall Fallbeispiel

umfallen

Satz Satzzeichen

Hauptsatz

Rat Rathaus *Verrat*

Rathausplatz

Rätsel

laut Lautsprecher

läuten

Rechtschreibung R

Regel 2: Der kurze Vokal (Selbstlaut) *e* wird mit dem Buchstaben *ä* geschrieben, wenn es eine verwandte Form mit *a* gibt. Das gilt auch für den Doppelvokal *eu*.

Beispiele: *Hände, Häuser*

Grammatik G

Wortfamilie

Durch Voranstellen und Anhängen von Wörtern/Wortteilen an einen **Stamm** entstehen neue Wörter. Diese Wörter bilden gemeinsam eine Wortfamilie. Die Wörter stammen beispielsweise alle von „Hand" ab. Ein Vokal (Selbstlaut) im Stamm kann sich innerhalb einer Wortfamilie z.B. durch Deklination (Beugung eines Hauptwortes) verändern (aus *a* wird z.B. *ä*).

Wortfamilie „Hand" (Auszug)

	Stamm	
	Hand	stand
	Hand	tuch
Ab	hand	lung
Vor	hand	
die	Händ	e
usw.	usw.	usw.

3 **Fügen Sie die folgenden Wörter in die zugehörige Wortfamilie ein. Rahmen Sie jeweils eine Stammform ein, mit der Sie Ihre Entscheidung begründen.**

~~Wälder~~ • wärmen • volljährig • du hältst • zählen • Stängel

Laub[wald] Waldfrüchte Waldes Waldsterben Waldboden *Wälder*	Ein[zahl] Einzahlung Zahlungsverkehr erzählen verzählen	Aufenthaltsraum Halt Verhalten Verhältnis vorhalten
warm lauwarm handwarm Erwärmung Warmwasser	zweijährig Jahr Jahrestag Geburtsjahr minderjährig	Abschleppstange Fahnenstange Bohnenstange Gestänge Blütenstängel

4 **Schreiben Sie die im folgenden Protokoll farblich markierten Wörter jeweils neben die verwandten Wörter in der unten stehenden Übersicht.**

Protokoll der Vorstandssitzung des TV Blau-Weiß 09 (Auszug)

Der Vorstandsvorsitzende, Herr Nickbuhr, stellte die Pläne des Vereins vor, alle Tore – also auch die der beiden Nebenplätze – zu erneuern. Man könne nicht länger untätig bleiben und warten, bis eines der Tore umfällt.
Trotz der erfreulichen Zusatzeinnahmen durch die regelmäßigen Flohmärkte – Herr Nickbuhr dankte ausdrücklich der Jugendabteilung – verfüge der Verein aber leider noch immer nicht über die nötigen finanziellen Mittel. Ein Tor koste immerhin brutto 552 Euro frei Baustelle. Auch habe er nur mäßige Hoffnungen, große Schätze zu finden, wenn die Fundamentlöcher für die Pfosten der neuen Tore ausgehoben werden. Herr Regg, der Jugendwart der Fußballabteilung, äußerte daraufhin die Idee, Sponsoren für diese Anschaffung zu suchen. Er habe schon einige Vereinsmitglieder gezielt angesprochen. Diese hätten sich bereit erklärt, gemeinsam einen Brief zu verfassen, der dann an die hiesigen Unternehmen geschickt würde. In diesem Brief könne mit wenigen Sätzen das Problem erläutert und um finanzielle Unterstützung gebeten werden. Die Idee wurde von sämtlichen Anwesenden begeistert aufgenommen.

Plan	*Pläne*	lang		Platz	
Markt		Europa		Tat	
freuen		Schatz		haben	
Fall		Maß		neu	
außen		klar		laut	
Satz		Maß		sammeln	

5 Setzen Sie die fehlenden Buchstaben ein.

Rechtschreibung R

Regel 3: Vor *l, m, n, r* steht sehr oft ein *h*, wenn der Vokal davor lang gesprochen wird.

Beispiele: *fahren, nehmen, Bohrer*

A) W___rend der Einf___rung in das Thema sprach er frei und blickte nicht ein einziges Mal auf seinen Stichwortzettel.

B) Er erklärte den Verlauf der Kurve und f___r w___-renddessen mit dem Stab an der Kurve entlang.
Wenn er Z___len nannte, deutete er auf die entsprechenden Z___lenangaben auf den Achsen.

C) Er empf___l, zunächst einmal seinen Ausf___rungen zuzuhören und danach erst Fragen zu stellen.

D) Einmal k___rte er dem Publikum den Rücken zu, korrigierte diesen F___ler aber gleich.

E) Er n___m die Anregung auf und teilte das Handout schon vor der Pause aus.

6 Notieren Sie die Verben im Infinitiv.

A) Sie erhöhte die Sprechgeschwindigkeit.

....

B) Er drohte eine Wiederholung an.

....

C) Wenn du an diesem Punkt Schritt für Schritt vorgehst, entsteht auch kein Unmut.

....

D) Zuvor hatten sie sich etwas ausgeruht.

....

E) Ihr überseht manchmal die linke Seite im Publikum; dreht euch ruhig um.

....

Grammatik G

Der Infinitiv ist die Grundform des Verbs. Er ist die Form, in der man Verben nennt und in der man sie auch in Wörterbüchern findet.

Beispiele: *gehen, reden*

Wird das Verb verändert (gebeugt), spricht man von Konjugation (Verb: konjugieren).

Beispiele: *Er liest, sie las, wir haben gelesen*

7 Ersetzen Sie die Wörter in Klammern durch die Pronomen „ihm" (Dativ – 3. Fall) oder „ihn" (Akkusativ – 4. Fall).

Grammatik G

Pronomen (Fürwort)
Pronomen stehen für ein Nomen, das heißt, sie ersetzen ein Substantiv.

Beispiel: *Das gefällt den Leuten, ja, das gefällt ihnen.*

A) Paul hatte sich mehrere Male gemeldet. Sie sollten (Paul) ________ nicht übersehen, sondern (Paul) ________ Gelegenheit geben, seine Meinung zu äußern.

B) Zwischen Publikum und Redner muss ein Kontakt bestehen und man muss (den Kontakt) ________ während des gesamten Vortrags aufrechterhalten.

C) Man kann diesen Hinweis geben, aber man muss (diesen Hinweis) ________ nicht gleich am Anfang bringen, man kann (diesen Hinweis) ________ auch erst gegen Ende vortragen, dann gibt man (diesem Hinweis) ________ ein größeres Gewicht.

8 **Streichen Sie die falschen Buchstaben in den markierten Wörtern durch und schreiben Sie sie richtig.**

Rechtschreibung R

Regel 4: Das lang gesprochene *i* wird in deutschen Wörtern meist *ie* geschrieben.

Beispiel: *sie liest*

A) Zohen Sie sich nicht zurück, reden Sie, fressen Sie Ihren räsigen Ärger namals in sich hinein.

B) Schaben Sie Probleme nicht auf die lange Bank, sprechen Sie sie löber sofort an.

C) Eine zämlich große Hilfe logt darin, sich in den anderen hineinzuversetzen.

D) Spölen Sie no den Lehrmeister, sondern geben Sie Kritik als Ich-Botschaften wader.

E) Har erhelten Sie ein paar Hinweise, wü Sie schwarige Situationen besser in den Griff krügen.

9 **Notieren Sie den Infinitiv zu folgenden Verben.**

A) geschieht ....

B) sieht ....

C) zieht ....

D) befiehlt ....

E) empfiehlt ....

Enthält der Infinitiv ein h, werden meist auch die übrigen Formen des Verbs mit h geschrieben. ***Beispiele:*** *empfehlen, befehlen, stehlen, geschehen, sehen, leihen*

10 **Vervollständigen Sie die Verben. Benutzen Sie das Präsens.**

A) Was ges______t, wenn du die Wortmeldungen übers______?

B) Ich weiß nicht, was der Regelkanon vors______.

C) Was empf______ du in diesem Fall?

D) Das entz______ sich meiner Kenntnis.

E) Du bef______ eher, als dass du rätst.

11 **Notieren Sie 12 Wörter, die den langen Vokal mit der Verdoppelung dieses Vokals kennzeichnen. Schreiben Sie die Substantive groß.**

Rechtschreibung R

Regel 5: Es gibt nur wenige Wörter im Deutschen, die die Länge des Vokals mit einer Verdoppelung des Vokals kennzeichnen.

Beispiele: *das Paar, Allee, Moos*

12 Setzen Sie die fehlenden Buchstaben ein.

A) Zuerst begrü___te er sie und hie___ sie herzlich willkommen.

B) Nach etwa drei___ig Minuten wurde sein Selbstbewusstsein immer grö___er.

C) Er konnte dann die entspannte Atmosphäre genie___en und in aller Ruhe seine Vorstellungen in das Gespräch einflie___en lassen.

D) Schon drau___en auf der Stra___e spürte man, dass die Leute voller Erwartungen waren.

Rechtschreibung R

Regel 6: Der stimmlose (scharfe) *s*-Laut wird nach einem langen Vokal oder mehreren Vokalen *ß* geschrieben.

Beispiele: *einigermaßen, Strauß*

13 Ergänzen Sie die folgende Tabelle.

Infinitiv	Präsens	Präteritum
A) fließen	es	es floss
B)	wir begrüßen	wir
C) genießen	sie	sie genoss
D) sitzen	ich sitze	ich
E)	sie	sie biss
F)	du begrüßt	du begrüßtest
G)	du	du hießest
H) vergessen	du vergisst	du

14 Bilden Sie den Plural.

A) Straße	....
B) Fuß	....
C) Gruß	....
D) Maß	....
E) Außenwand	....

Konsonanten

15 **Fügen Sie in den unten stehenden Brief die fehlenden Buchstaben für Konsonanten (Mitlaute) ein.**

Rechtschreibung R

Regel 7: Den Konsonanten (Mitlauten) sind grundsätzlich bestimmte Buchstaben zugeordnet.

Beispiel: Der Laut *b* in „Ball" wird mit dem Buchstaben *b* geschrieben.

TV Blau-Weiß 09
Am Sportplatz 25
12345 Mustervorgarten

8. Mai 2006

Bedachungen Schulze
Frau Jutta Schulze
Schiefergasse 57
23456 Mustergarten

Einladung zum Sommerfest

Sehr geehrte Frau Schulze,

mit Ihrer Hilfe ha_b_en wir unser Ziel erreicht! Auch dank der großzügi___en Spen___e Ihres Unternehmens steht uns jetzt endlich der Geldbetrag für unsere neuen Tore zur Ver___ügung.
Wir freuen uns riesig!

Des___egen möchten wir Sie ganz her___lich zu un___erem dies___ährigen Sommerfest am 8. Juli einladen! Um 15:00 Uhr ist Anpfiff für ein kurzes Spiel der A-Jugend, mit dem die neue___ Tore eingeweiht werden. Im Anschluss daran erwarten wir gegen 16:00 Uhr zwei Vertreter der beiden großen Tageszei___ungen. Ein Grup___enfoto, auf dem alle Sponsoren in eine___ der neuen Tore zu sehen sind, wäre doch sicher auch für Sie von Interesse?

Selbstverständlich ist für Musi___ und das leib___iche Wohl gesorgt.

Seien Sie unser Gast! Wir freuen uns auf Sie!

He___zliche Grüße
Ihr

N. Nickbuhr
Norbert Nickbuhr, 1. Vorsitzender

16 Bilden Sie jeweils zehn Wörter mit den Wortteilen „ver“ beziehungsweise „vor“.

verbrauchen, ...

....

....

....

....

Steilvorlage, ...

....

....

....

....

Rechtschreibung R

Regel 8: Den Laut *f* schreibt man in einigen Fällen mit dem Buchstaben *v*.

Beispiele: *Vater, Veilchen, Vetter, Vieh, viel, Vogel, Volk, von, ver-, vor-*

17 Bilden Sie jeweils den Plural (Mehrzahl) der Substantive (Hauptwörter).

Singular (Einzahl)	Plural (Mehrzahl)
Fahrrad	Fahrräder
Geld	
Freund	
Entschuldigung	
Beteiligung	
Rechnung	
Land	
Rand	
Bettbezug	

Am Ende von Wörtern oder Wortteilen ist nicht immer eindeutig, mit welchen Buchstaben die Konsonanten (Mitlaute) geschrieben werden. In diesen Fällen ist die Schreibweise einer verlängerten oder erweiterten Form des Wortes entscheidend.
***Beispiel:** das Lob, des Lobes*

18 Fügen Sie den Wörtern jeweils eine Verlängerung/Erweiterung hinzu, mit der Sie die Schreibweise des hervorgehobenen Konsonanten (Mitlautes) begründen.

Hund	Hunde	stündlich		blond		rund	
klug		liegt		Pfund		endlich	
riesig		Tank		Tag		Kuh-Dung	
Dank		einfarbig		Tanklastzug		schlank	
Kalb		Fortschritt		am lustigsten		Freizügigkeit	
Falkner		der Grat (Dachlinie)		Rettich		endlich	

19 **Setzen Sie die folgenden Buchstaben für die Konsonanten ein:**

~~g~~ • g • g • g • ch • ch • ch • ch • ch

freudi_g_ rundli___ schwieri___

stündli___ Zweifarbi___keit Teppi___

wissbegieri___ unendli___e Geschichte farbli___

Sprich das verlängerte/erweiterte Wort laut und teile es dabei in Sprechsilben ein.
***Beispiel:** freu-di-ge, end-li-che*

20 **Ergänzen Sie die fehlenden Formen der Komparation (Steigerung).**

nötig	nötiger	am nötigsten
	lustiger	am lustigsten
herzlich	herzlicher	
freundlich		
		am schlanksten
fleißig		
	niedlicher	
stark		
	länger	
		am klügsten

21 **Bilden Sie einen Fantasie-Satz, in dem Sie auch die Wörter aus der Sprechblase verwenden.**

Fantasie-Satz:

....

....

....

....

....

....

....

....

....

....

***Beachte:** Die Schreibweise der folgenden Wörter kann nicht durch Verlängerung/Erweiterung überprüft werden:*
Erbse – Grad Celsius – Herbst – hübsch – Jugend – Krebs – morgendlich – ob – Obst – Rebhuhn – (ihr) seid – (sie) sind – Subjekt – und.
Man muss sie sich merken.

22 **Markieren Sie in den folgenden Wörtern/Wortgruppen jeweils den Wortstamm des Verbs „kommen".**

kommen – vorkommen – wegkommen – Nachkommenschaft – mitkommen – Abkommen – hereinkommen – Es verkommt. – umkommen – du bekommst – Nachkommen – Man konnte ihm nicht beikommen. – die Zuspätgekommenen

Rechtschreibung

Regel 9: Wenn auf einen betonten kurzen Vokal (Selbstlaut) im Wortstamm nur ein Konsonant (Mitlaut) folgt, wird der Buchstabe für diesen Konsonanten verdoppelt.

Beispiel: *scháffen*

23 **Bilden Sie Wortfamilien. Verwenden Sie die angegebenen Wortteile, und beachten Sie die Groß- und Kleinschreibung .**

sich zu schaff *en machen*	*Klee* blatt
schaff	Blatt
schaff	Blatt
Schaff	blätt
Schaff	Blatt
Du st es!	Blatt
schaff	blätt
Schaff	Blätt

Wortteile:

~~sich~~ – ~~zu~~ – ~~en~~ – ~~ma~~ – ~~chen~~ – weg – en – ab – ge – t – ens – drang – ens – freu – de – schaff – An – ung – ens – kraft
~~Klee~~ – grün – gold – um – ern – laus – spinat – Salat – er – er – teig

24 **Tragen Sie die Wörter in die Übersicht ein, bei denen der Konsonantenbuchstabe im Stamm verdoppelt ist, weil ein betonter kurzer Vokal davorsteht.**

~~schaffen~~ – ~~Kammgarn~~ – jagen – Wagen – Gruppe –
haben – Regel – dämmern – Kragen – Blatt –
holen – Tore – Suppe – Wetter – hören – Möwe –
Schafe – Löwe – Sommer – lesen – Plage – spuken –
das Schlimmste – Schlusspfiff

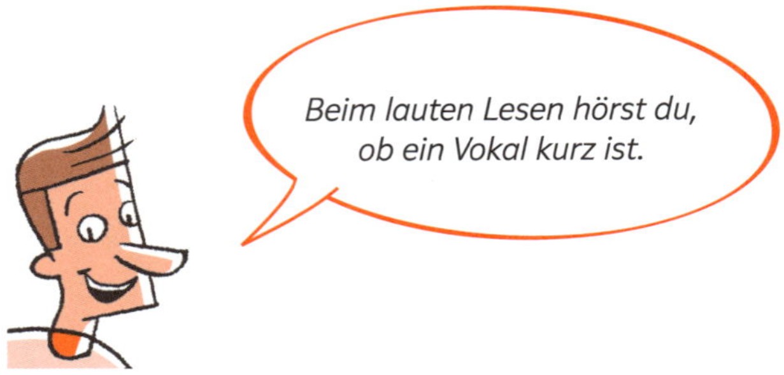

schaffen, Kammgarn, ...

....

....

....

....

....

25 **Tragen Sie die fehlenden Verbformen in die Übersicht ein. Rahmen Sie bei der fehlenden Grundform den Stamm des Verbs (Tätigkeitswortes) ein.**

Grundform	Präsens (Gegenwart)	Präteritum (Vergangenheit)	Perfekt (vollendete Gegenwart)
stellen	ich	ich	ich habe gestellt
	du stellst	du stelltest	du hast ....
	er, sie, es stellt	er, sie, es stellte	er, sie, es hat ....
	wir	wir stellten	wir haben gestellt
	ihr stellt	ihr	ihr habt gestellt
	sie stellen	sie stellten	sie haben ....
....	ich *trenne*	ich trennte	ich habe ....
	du	....	du hast getrennt
	er, sie, es	....	er, sie, es hat getrennt
	....	....	wir haben ....
	....	ihr trenntet	ihr ....
	....	....	sie haben getrennt

26 **Bilden Sie fünfzehn weitere Wörter, in denen das Wortteil „ab“ vorkommt.**

abgeben, Sonderabgabe, ...

....

....

....

....

....

....

....

....

....

....

....

Beachte: *Bei vielen einsilbigen Wörtern wird der Buchstabe für den Konsonanten (Mitlaut) nach dem betonten kurzen Vokal (Selbstlaut) nicht verdoppelt.*
Beispiele: *ab, an, (ich) bin, dran, drin (aber: drinnen), fast, (er) hat (aber: hatte), in, man (Indefinitpronomen, d.h. unbestimmtes Fürwort), ob, weg*

27 **Streichen Sie die beiden Wörter, die nicht in die Wortreihe gehören, durch. Begründen Sie Ihre Entscheidungen.**

Bäcker – Brücke – Dachdecker – Deckel – Ecke –
Glatze – glücklich – Harke – Hitze – hocken – jetzt –
Katze – kratzen – Lackierung – Mücke – Mütze –
nackt – Plätzchen – plötzlich – Rücken – Schatz –
schwitzen – Sitz – Spitzenspiel – Strecke – Tatze –
trocken – trotzdem – verletzt – Verletzung – Witz –
Würze – zwicken

Rechtschreibung R

Regel 10: Wenn auf einen betonten kurzen Vokal (Selbstlaut) im Wortstamm nur ein Konsonant (Mitlaut) folgt, wird der Buchstabe für diesen Konsonanten verdoppelt. Der Buchstabe *k* wird in diesen Fällen zu *ck* und der Buchstabe *z* wird zu *tz*.

Beispiele: *Blickrichtung, Hitze*

Begründung: ....

....

28 **Trennen Sie die Wörter des folgenden Textes durch senkrechte Striche in Schreibsilben.**

Steht in ein/fa/chen oder zusammengesetzten Wörtern zwischen Vokalbuchstaben ein einzelner Konsonantenbuchstabe, so kommt er bei der Trennung auf die nächste Zeile.

Wenn zwei oder mehr Konsonanten zwischen den Vokalen stehen, dann kommt nur der letzte auf die neue Zeile.

Rechtschreibung R

Regel 11: Wörter werden beim Schreiben so getrennt, wie sie beim langsamen Sprechen getrennt werden. Dabei werden einzelne Vokalbuchstaben am Wortanfang oder Wortende nicht abgetrennt. Das gilt auch für zusammengesetzte Wörter.
Beispiele: *Bau-er, Dach-über-stand, Ju-li-son-ne, Abend*

Steht ein Konsonant (Mitlaut) zwischen zwei Vokalen (Selbstlauten), dann kommt er bei der Trennung auf die nächste Zeile.
Beispiele: *Au-**g**e, rei-**ß**en*

Wenn mehrere Buchstaben für Konsonanten (Mitlaute) zusammentreffen, kommt nur der letzte auf die neue Zeile.
Beispiele: *tren-**n**en, ras-**t**en, freund-**l**ich, Kat-**z**e, sit-**z**en, zu-sam-men-ge-setz-**t**e*

Die festen Buchstabenverbindungen ch, sch, ck sowie ph, rh, sh, th kommen ungetrennt auf die neue Zeile.
Beispiele: *ma-**ch**en, klat-**sch**en, Bä-**ck**er, Sa-**ph**ir, Zi-**th**er*

29 **Wählen Sie aus der bei Aufgabe 27 stehenden Wortreihe mindestens zehn weitere trennbare Wörter mit *tz* und mindestens zehn trennbare Wörter mit *ck* aus, und trennen Sie diese schriftlich.**

Glat/ze ....

....

Bä/cker ....

....

....

30 **Ergänzen Sie die fehlenden Endungen in dem folgenden Fantasie-Satz.**

Zwei Eisprinzessin_nen_ mit bemerkenswerten Kenntnis_____ sprangen mit ihren drei Übungsleiterin_____ sowie deren vier Schülerin_____ ohne nennenswerte Beschwernis___ über fünf Hindernis___, um zu den sechs Sportärztin_____ ihrer sieben Torschützenkönigin_____ zu gelangen.

Rechtschreibung R

Regel 12: In einigen Wörtern wird bei Erweiterungen der Buchstabe für den Konsonanten verdoppelt, obwohl der Vokal (Selbstlaut) davor nicht betont wird. Dies sind vor allem Wörter, die mit *-in* oder mit *-nis* enden.

Beispiele: *Freundin, Hindernis*

Abschlusstest

1. Fügen Sie in den folgenden Text die nachstehenden Konjunktionen (Bindewörter) und die fehlenden Buchstaben ein.

~~Wenn~~ • Aber • Bevor • Damit • Deshalb • weil

„*Wenn* wir nicht en__lich die n___en Tore aufste___en, kö___en wir das So____erfest __erge___en! Du_____erweise mü___en wir auch noch neue Löcher für die Torpfosten graben, ______ die alten Tore keine genormten Abme___ungen hatten.

Die Unterkante der Querla___e darf nur 2,44 Meter vom Boden entfernt sein. ____________ mü___en wir die Löcher für die Pfosten leider noch erheblich tiefer graben.

_________ wir tro___ des steinigen Bodens en__lich Fortschri___e machen, hole ich je___t eine Spi___-hacke aus dem Schu___en.

______ verle___t euch bi___e nicht, das Werkzeu__ heißt nicht zufä___ig Spitzha___e.

_______ wir zum Schlu___ die Löcher en__gültig verfü___en und den Mörtel __erdichten, mü___en wir noch einmal alles nachme___en und mit der Wa___erwaage prüfen, o__ die Tor__fosten auch sen__recht stehen."

2. Setzen Sie die fehlenden Buchstaben ein und ergänzen Sie die passenden Pronomen in den Kästen.

A) Sie n___m seine Namensmeldung nicht w___r.

B) In W___rheit meldete er sich nur einm__l.

C) Sie f___r mit [ ] Erm___nungen fort.

D) Sie erw___nte m___rere M__le, dass [ ] ___ne [ ] Mithilfe der Verlust seines Verm__gens dr___e.

E) Schon in [ ] einf___renden Worten bet__nte sie, dass [ ] Ausf___rungen auf dem neuesten Z___lenmaterial ber___ten.

F) [ ] entst___t dadurch kein Sch__den, w___rend [ ] ein r___siger Verlust dr___t.

G) [ ] wurde n___m__ls darüber berichtet, w___l aber m___reren anderen Personen aus dem Unter-n___men.

H) Die W___rheit l___ge in d___sem Fall in der Mitte, bet__nte er w___derh__lt.

3. Notieren Sie ß oder ss.

A) Dass er genie___en konnte, das wu___te man.

B) Durch den Applaus war sie derma___en au___er sich, dass es schon hie___, sie habe den Bezug zur Realität verloren.

C) Mit gro___em Flei___ bereiteten sie sich auf das Gespräch vor, um einen be___eren Eindruck zu hin-terla___en als das letzte Mal.

D) Au___erdem verga___en sie, einen Strau___ Blumen zu besorgen.

Online-Link 803802-0001

Artikel und Pronomen

Grundregel: Die Artikel und Pronomen „das", „den" und „wen" werden immer gleich geschrieben.

Der Artikel und das Pronomen „das"

1 **Ordnen Sie die Wörter A) bis G) einem Substantiv in der mittleren Spalte zu. Schreiben Sie dann den gesamten Ausdruck neu, indem Sie das passende Wort bzw. die passenden Wörter zwischen Artikel und Substantiv einfügen.**

A) gute	1 das Verhalten	A) *das gute Verhältnis*
B) zufriedenstellende	2 das Selbstvertrauen	B)
C) in letzter Zeit stark gewachsene	3 das Ergebnis	C)
D) neu gestärkte	4 das Geschick	D)
E) unnachahmliche	5 das Training	E)
F) beispiellose	6 das Selbstbewusstsein	F)
G) kurzfristig angesetzte	7 das Verhältnis	G)

Grammatik

Artikel und Pronomen
Was ist ein Artikel?
Ein Artikel ist ein Begleiter eines Substantivs. Er zeigt das Geschlecht des Substantivs an.

Beispiele:

der Text	(maskulin/männlich)
die Stelle	(feminin/weiblich)
das Verständnis	(neutral/sächlich)

Was ist ein Pronomen?
„Das" kann ein **Demonstrativpronomen** (hinweisendes Fürwort) sein.
Man kann es durch „dieses" oder „jenes" ersetzen.

Beispiele:
*Aus dieser Aussage kann man **das** heraushören.*
***Das** kann jeder behaupten.*

„Das" kann auch ein **Relativpronomen** (bezügliches Fürwort) sein.
Man kann es durch „welches" ersetzen.

Beispiel:
*Die Autorin empfiehlt den Besuch eines Seminars, **das** diese Kenntnisse vermittelt.*

2 **Ersetzen Sie den unbestimmten Artikel (ein) durch den bestimmten Artikel, und schreiben Sie die markierten Teile des Satzes neu. Achten Sie auch auf die Endung des Attributs („gutes“).**

A) Ein gutes Betriebsklima bedeutet nicht, dass es keine Konflikte gibt.

....

B) Ein abschätziges Urteil kann Konflikte noch verstärken.

....

C) Ein offenes Kommunizieren ist ein Grundstein für ein soziales Miteinander.

....

....

D) Ein genaues Zuhören kann man schulen.

....

Rechtschreibung R

Regel 1: Das Wort „das“ ist ein **Artikel** oder **Pronomen** und wird mit einfachem *s* geschrieben.

Beispiele: ***Das*** *Problem ist uns bekannt.* (Artikel)
Das *kann doch nicht wahr sein.* (Demonstrativpronomen)
Ich erinnere dich an das Wort, ***das*** *du mir gegeben hast.* (Relativpronomen)

Grammatik G

Bestimmter und unbestimmter Artikel

Bestimmter Artikel

Die drei bestimmten Artikel sind im Deutschen „der“, „die“, „das“. Sie können dekliniert (in alle 4 Fälle gesetzt) werden.

Unbestimmter Artikel

Die drei unbestimmten Artikel sind „ein“, „eine“, „ein“. Sie können ebenfalls dekliniert (in alle 4 Fälle gesetzt) werden.

3 **Bilden Sie vollständige Sätze, und verwenden Sie in jedem Satz das Wort „das“.**

A) ______ bringt doch ______________.

B) ______ klappt doch ______________.

C) Hast du __________________?

D) So läuft __________________.

E) ______ machst du ________________________.

F) Solange du ______________________________________

__________________________.

Grammatik G

Demonstrativpronomen

Das Demonstrativpronomen „das“ weist genauer auf eine Person oder Sache hin als der bestimmte Artikel. Beim Sprechen wird es auch stärker betont.
Es bezieht sich meist auf eine ganze Aussage oder ein konkretes Substantiv.

Beispiele: *Die Probleme werden unter den Teppich gekehrt.* ***Das*** *kenne ich schon.*
Das *Problem meine ich nicht.*

4 **Unterstreichen Sie das Demonstrativpronomen „das“.**

A) Sätze wie „Das wirst du nie verstehen.“ oder „So machst du das immer.“ bezeichnet man als Killerphrasen, weil sie das weitere Gespräch blockieren und den Gesprächspartner in die Enge treiben.

B) Er bot mir gleich das Du an. Das kam für mich schon etwas überraschend.

C) Das Wort „muss“ kann eine innere Abwehrhaltung hervorrufen. Das weiß jeder aus eigener Erfahrung.

D) „Siehst du das Problem?“ „Das sehe ich schon, aber das bringt mich im Augenblick nicht weiter.“

E) Nicht miteinander reden, das nützt nichts.

5 **Schreiben Sie die Sätze neu, und setzen Sie dabei das Relativpronomen und die fehlenden Kommas ein.**

A) Das Verhalten die beiden an den Tag legten musste zu Konflikten führen.

....

....

B) Das Wortgefecht sie später ausübten war nicht immer von Fairness gekennzeichnet.

....

....

....

C) Man konnte schon früh erkennen, dass das Resultat er unmittelbar nach der Abgabe der Arbeitsprobe bekanntgeben wollte nicht positiv ausfallen würde.

....

....

....

....

D) Sie pochte auf ihr Rederecht ihr während der Sitzung mehrere Male entzogen wurde.

....

....

....

Grammatik G

Relativpronomen
Das Relativpronomen steht **nach** dem Bezugswort und leitet einen Nebensatz ein.
Der Nebensatz (Relativsatz) wird durch ein Komma vom übrigen Satz abgetrennt.

Beispiele: *Das ist **das Problem, das** gelöst werden muss.*
***Das Gespräch, das** sie miteinander führten, verlief sehr konstruktiv.*

Zeichensetzung Z

Regel: Kommasetzung
Vor dem Relativpronomen „das" steht immer ein Komma.

6 **Bilden Sie aus den beiden Hauptsätzen einen Hauptsatz und einen Relativsatz, und trennen Sie die Sätze durch ein Komma.**

A) Nenne das Ärgernis. Es bedrückt dich.

....

B) Sprich das Problem sofort an. Du hast ein Problem.

....

C) Stell dir die Wirkung deines Verhaltens auf andere vor. Du hast dieses Verhalten die letzten drei Wochen gezeigt.

....

....

D) Hör bei dem Gespräch aktiv und aufmerksam zu. Du führst es mit deiner Partnerin.

....

7 **Setzen Sie „das" ein und kreuzen Sie an, ob es sich um einen Artikel (1), ein Demonstrativpronomen (2) oder ein Relativpronomen (3) handelt.**

A) In einem Bericht wird ______ 1 | 2 | 3 Angebot von Benimmkursen in Deutschland unter die Lupe genommen.

B) ______ 1 | 2 | 3 Ergebnis, ______ 1 | 2 | 3 nun vorliegt, ist sehr aufschlussreich.

C) ______ 1 | 2 | 3 Höflichkeitsseminar zielt nicht darauf ab, ______ 1 | 2 | 3 Selbstbewusstsein der Leute mit Kundenkontakt zu schmälern, vielmehr sei ______ 1 | 2 | 3 Gegenteil ______ 1 | 2 | 3 Ziel.

D) Aber nicht nur ______ 1 | 2 | 3, auch für ______ 1 | 2 | 3 Verhalten der Kundschaft müsste Verständnis aufgebracht werden, denn ______ 1 | 2 | 3 Hab und Gut habe heute einen anderen Stellenwert, als ______ 1 | 2 | 3 früher der Fall war.

E) ______ 1 | 2 | 3 Mobiliar, ______ 1 | 2 | 3 man teuer erstanden hat, will man sorgfältig behandelt wissen.

F) ______ 1 | 2 | 3 Geld, ______ 1 | 2 | 3 ein Monteur kostet, will die Kundschaft auch als Gegenwert wiedersehen, ______ 1 | 2 | 3 muss einem klar sein.

G) ______ 1 | 2 | 3 Seminar, ______ 1 | 2 | 3 normalerweise eine Woche dauert, versucht ______ 1 | 2 | 3 zu vermitteln.

Der Artikel und das Pronomen „den“

Grammatik G

Artikel „den“
Die Artikel im Deutschen sind „der“, „die“, „das“.
Sie lassen sich in die unterschiedlichen Fälle setzen (deklinieren), z.B.

1. Fall	(Nominativ)	der	(Man fragt: Wer ...?)
2. Fall	(Genitiv)	dessen	(Man fragt: Wessen ...?)
3. Fall	(Dativ)	dem	(Man fragt: Wem ...?)
4. Fall	(Akkusativ)	**den**	(Man fragt: Wen ...?)

„Den“ ist hier der **4. Fall des Artikels** „der“.

„Den“ kann auch der **3. Fall Plural** aller Artikel sein, z.B. die (1. Fall, Nominativ)
der (2. Fall, Genitiv)
den (3. Fall, Dativ)
die (4. Fall, Akkusativ)

Pronomen „den“
„Den“ kann auch ein Pronomen sein.

Wenn „den“ durch „diesen“ oder „jenen“ ersetzt werden kann, ist es ein **Demonstrativpronomen** (hinweisendes Fürwort).

Beispiel: *Genau* ***den*** (= diesen/jenen) *Mantel habe ich gemeint.*

Wenn man „den“ durch „welchen“ ersetzen kann, ist es ein **Relativpronomen** (bezügliches Fürwort).

Beispiel: *Den Gürtel,* ***den*** (= welchen) *Sie ausgewählt haben, können Sie auch zu jeder anderen Hose tragen.*

8 **Setzen Sie den bestimmten Artikel ein, und notieren Sie dahinter den Fall des Artikels (Akkusativ oder Dativ).**

A) Wenn der Kunde ______ Laden (____________) betritt, begrüßen Sie ihn zunächst freundlich und fragen ihn nach seinen Wünschen.

B) Es wirkt immer positiv, wenn man für _____ Wunsch (___________) des Kunden gleich einen Lösungsweg in Aussicht stellen kann.

C) Die Verkäuferin erkundigt sich nach _____ Bedürfnissen (___________) der Kunden, fragt sie nach ihren Vorstellungen vom Produkt und lässt sich schließlich _____ Kundenwunsch (___________) bestätigen.

D) Der Verkäufer sollte _____ Kunden (___________) mit seinen Verkaufsargumenten überzeugen.

E) Mit _____ Angeboten (___________) sollte man immer auch _____ persönlichen Nutzen (___________) für den Kunden aufzeigen.

F) _____ möglichen Einwänden (___________) der Kunden muss man mit überzeugenden Argumenten und Beispielen begegnen.

G) Die Verkäuferin prüft, ob die Kundin mit _____ Angeboten (___________) einverstanden ist.

Rechtschreibung R

Regel 2: Das Wort „den" ist ein Artikel oder Pronomen und wird mit einfachem *n* geschrieben. Das *e* wird lang gesprochen.

Beispiele:
Wir haben ***den*** *Preis herabgesetzt.* (Artikel)

Den *kenne ich schon.* (Demonstrativpronomen)

Ich nenne Ihnen den Betrag, ***den*** *Sie überweisen sollten.* (Relativpronomen)

9 **Entscheiden Sie, welche Form des Relativpronomens (der, die, den) korrekt ist, und schreiben Sie die richtige Form in die Lücke. Setzen Sie zudem den Relativsatz in Kommas.**

A) Die Höhe des Preises_____ Sie für diesen Artikel bezahlen müssen, ändert sich von Woche zu Woche.

B) Die Farbe des Stoffes_____ Sie auf diesen Möbeln vorfinden, ist nicht bindend, Sie können die Farbe auswählen.

C) Die Länge des Mantels_____ Sie gerade probieren, können wir in unserer Schneiderei ändern.

Grammatik G

Relativpronomen
Siehe S. 20

Beispiele: *Der Preis,* ***den*** *Sie hierfür bezahlen, ist gerechtfertigt.*

Zeichensetzung Z

Regel: Kommasetzung
Vor dem Relativpronomen „den" steht immer ein Komma.

10 **Verbinden Sie die Sätze, indem Sie jeweils einen Relativsatz bilden und diesen mit Komma abtrennen.**

A) Der Schrank passt genau in mein Zimmer. Sie haben ihn hier stehen.

....

B) Das ist genau der Sessel. Ich habe ihn immer gesucht.

....

C) Der Teppich hat genau die richtige Größe. Sie haben ihn hier ausliegen.

....

D) Den Stuhl gibt es auch mit Armlehne. Sie sehen ihn hier.

....

Das Pronomen „wen“

Grammatik G

Fragepronomen „wen“
Das Wort „wen“ ist wie „wann“, „wer“, „warum“ usw. ein Fragepronomen. Es ist der 4. Fall (Akkusativ) von „wer“.
Das Wort „wer“ wird folgendermaßen dekliniert (in die unterschiedlichen Fälle gesetzt):

wer	1. Fall (Nominativ)
wessen	2. Fall (Genitiv)
wem	3. Fall (Dativ)
wen	4. Fall (Akkusativ)

Das Fragewort „wen“ kann auch einen indirekten Fragesatz einleiten. Man kann diesen leicht in einen direkten Fragesatz umformulieren, z. B.
*Ich notiere, **wen** du schon angesprochen hast.* (Indirekter Fragesatz) → *Wen hast du schon angesprochen?* (Direkter Fragesatz) *Ich notiere die Namen.*

11 **Formulieren Sie Fragen, die Sie mit „wen“ einleiten.**

A) Du musst … informieren.

Wen musst du informieren? ....

B) Du lädst … ein.

....

C) Wir dürfen … nicht vergessen.

....

D) Wir sollten … zuerst in den Plan einweihen.

....

....

Rechtschreibung R

Regel 3
Das Wort „wen“ ist ein **Fragepronomen** und wird mit einfachem *n* geschrieben.
Das *e* wird lang gesprochen.

„Wen“ kann eine direkte oder indirekte Frage einleiten.

Beispiele: ***Wen** suchst du hier?* (Direkte Frage)
*Ich möchte gerne wissen, **wen** du hier suchst.* (Indirekte Frage)

12 **Setzen Sie eine passende Präposition (z. B. „für“) + „wen“ ein.**

A) Erst im letzten Abschnitt des Textes wird deutlich, ____________ sich die Angriffe richten.

B) Schon in der Überschrift wird klar, __________ sich die Autorin mit diesem Artikel wendet.

C) __________ diese Vorschläge von Bedeutung sind, steht in den folgenden Zeilen.

D) Mit seinen Ausführungen belegt der Autor nachhaltig, __________ man sich verlassen kann.

E) Die Autorin fragt sich, __________ man noch sein Vertrauen setzen kann.

F) Aus dem Textzusammenhang ist leicht zu erkennen, __________ die Autorin denkt, wenn sie von Fehlverhalten spricht.

G) __________ diese kritischen Äußerungen gemünzt sind, wird schon in den ersten Sätzen des Textes deutlich.

13 **Formulieren Sie die Sätze um. Bilden Sie aus dem indirekten Fragesatz eine direkte Frage.**

A) Sie können in dieser Gruppe ansprechen, wen Sie wollen.

....

B) Ich überlasse es Ihnen, wen Sie informieren.

....

C) Sie können auf die Fahrt mitnehmen, wen Sie wollen.

....

D) Wir müssen herausbekommen, wen sie damit gemeint hat.

....

14 **Schreiben Sie die Sätze neu. Setzen Sie dabei an passender Stelle „wen" ein, korrigieren Sie die Wortfolge, und trennen Sie die Sätze durch Komma voneinander ab.**

A) Internetadressen Bei manchen mit www die beginnen klar ist nicht kann als verantwortlichen Inhaber man der Webseite bezeichnen.

....

....

....

....

B) An sich wenden einer Webseite die Inhaber kann an den Bestandteilen oft man auch ablesen der Internetadresse.

....

....

....

C) auch Die Qualität kann des Inhalts gemessen daran werden einer Internetseite der Seite haben als Quelle die Autoren ihrer Informationen genannt gelegt nicht immer denn auf sachliche Richtigkeit wird großen Wert.

....

....

....

....

....

....

Grammatik G

Ein vollständiger Satz
Ein vollständiger Satz besteht mindestens aus Subjekt (Satzgegenstand) und Prädikat (Satzaussage).

Beispiel: *Er* *lebt.*
(Subjekt + Prädikat)

Zeichensetzung Z

Regel: Kommasetzung
Vollständige Sätze werden durch Komma voneinander getrennt.

Beispiel: *Sie* (Subjekt) *überlegt* (Prädikat), *wen* (Pronomen) *sie* (Subjekt) *anrufen soll* (Prädikat).

Hauptsätze werden meist durch Punkt voneinander getrennt.

Beispiel: *Sie konnte sich noch gut daran erinnern. Es war ja schließlich ein einschneidendes Erlebnis.*

D) ist etwas Alltägliches Sponsoring geworden und kann an den Links man erkennen häufig hat der Inhaber als Sponsor der Webseite gewonnen.

....

....

Abschlusstest

1. Bestimmen Sie, ob das markierte Wort jeweils ein Artikel oder Pronomen ist.

A) Er konnte das (__________) rücksichtslose Verhalten nicht leiden.

B) Wen (____________) er aussuchen würde, das (____________) ahnte er schon.

C) Sie kannte den (__________) Kandidaten, den (____________) sie vorschlugen.

D) Den (____________) wollte sie mal genauer kennen lernen.

E) Das (__________) Verhältnis, das (____________) zwischen ihnen herrschte, war allen bekannt.

F) Den (____________) Pullover nehme ich sicher, ob ich auch den (____________) anderen nehme, das (____________) entscheide ich erst später.

Online-Link 803802-0002

2. Schreiben Sie die Sätze neu, indem Sie die Artikel und Pronomen im richtigen Fall einsetzen, die Sätze durch Komma voneinander abtrennen und die falschen Wörter durchstreichen.

A) Ich kenne die Fall der du erwähnt hast.

....

B) Ich akzeptiere den Urteil die du abgegeben hast.

....

C) Du weißt den den ich muss dir kein zweites Mal sagen.

....

D) Die ist schon lange her aber der sitzt immer noch tief.

....

E) Wem er mit seiner Andeutung gemeint hat der bleibt sein Geheimnis.

....

F) Bisher hat dem jeder dem er angesprochen hat abgelehnt.

....

3. Trennen Sie die Sätze durch Komma ab, und entscheiden Sie, ob Sie die Konjunktionen „dass", „denn", „wenn" oder einen bestimmten Artikel oder die Pronomen „das", „den", „wen" einsetzen.

A) Ich war mir sicher __________ die richtige Entscheidung war.

B) Ich mag _______ Anzug_______ du mir ausgesucht hast________ ich habe _______ Eindruck_______ er mir farblich sehr gut steht.

C) Du kannst fragen_______ immer du willst, du wirst die Antwort erhalten __________ eine gute Wahl war________ preisgünstiger bekommst du diese Ware nicht mehr.

D) Gerne würde ich mal _______ Mantel_______ Sie im Schaufenster ausgestellt haben, anprobieren________ er ist etwas moderner geschnitten.

E) Ich weiß nicht_______ Sie meinen________ Sie von Preistreibern sprechen.

F) ________ ich das Jackett_______ du gerade anhast, bezahlen soll, musst du _______ nur sagen.

G) _______ Angebot_______ ich Ihnen hier unterbreite, mache ich nicht jedem Kunden_______ kann ich Ihnen versichern.

Die Konjunktion „dass“

Grundregel: Die Konjunktion (Bindewort) „dass“ wird immer mit Doppel-s geschrieben.

Die Konjunktion „dass“ erkennen und benutzen

Grammatik

Was ist ein Satz?
Die Konjunktion „dass“ verbindet zwei Sätze miteinander. Die einfachste Form des Satzes (**Beispiel:** *Ich sehe.*) besteht aus einem Subjekt (*Ich*) und einem Prädikat (*sehe*). Hauptsatz und Nebensatz werden durch Komma getrennt.

Ich		*sehe,*	*dass du*		*lachst.*
Subjekt	+	Prädikat ,	Subjekt	+	Prädikat
Hauptsatz			Nebensatz		

1 **Verbinden Sie jeweils die beiden vorgegebenen Sätze mit der Konjunktion „dass“, und verändern Sie den Satzbau entsprechend.**

Beispiel:
Ich sehe. Du schläfst.
Ich sehe, dass du schläfst. ....

A) Ich höre. Du redest.

....

B) Er sieht. Ich leide.

....

C) Wir wissen. Der Roller fährt.

....

D) Der Käufer hört. Der Auspuff ist kaputt.

....

Grammatik G

Was ist ein erweiterter Satz?
In den meisten Fällen erfordert das Prädikat noch Ergänzungen.

Man		*sieht,*	*dass der Roller*		*Mängel*		*hat.*
Subjekt	+	Prädikat,	Subjekt	+	Ergänzung	+	Prädikat

Dies ändert nichts an der Verwendung der Konjunktion „dass".
Die Wortfolge im Nebensatz lautet:
Subjekt – Ergänzung – Prädikat.
Das Prädikat steht am Schluss und passt sich dem Subjekt an.

2 **Verbinden Sie für eine Produktbeschreibung bei einem Online-Versteigerer die beiden Sätze mit der Konjunktion „dass".**

Beispiel:
Die Vespa hat einige kleinere Dellen. Man kann etwas sehen.

Man kann sehen, dass die Vespa einige kleinere Dellen hat.

A) Ständerfüße und Rücklichtglas sind nicht vorhanden. Das Foto zeigt etwas.

....

B) Der Scheinwerferreflektor weist leichten Flugrost auf. Man sieht etwas.

....

C) Der Roller hat leichte Kratzer an verschiedenen Stellen am Lack. Das Foto macht etwas sichtbar.

....

D) Trotz kleinerer Gebrauchsspuren befindet sich der Roller in sehr gutem Zustand. Das Foto zeigt etwas.

....

....

3 **Bringen Sie die Satzteile in die richtige Reihenfolge und ergänzen Sie die passende Verbform.**

Beispiel:
Das Foto zeigt, dass (sein der Roller neu lackiert)
der Roller neu lackiert ist.

A) Man sieht, dass (aussehen der Roller wie neu)

....

B) Es ist zu sehen, dass (sein der Roller in gutem Zustand)

....

C) Man kann erkennen, dass (befinden sich ein Riss an der Sitzbank)

....

D) Man sieht, dass (haben die Vespa ein Windschild)

....

Die Konjunktion „dass“

4 a) **Verändern Sie die vorgegebenen Relativsätze in Konjunktionalsätze.**
b) **Diskutieren Sie die inhaltlichen Veränderungen, die damit verbunden sind, indem Sie angeben, welcher Satz eine Antwort auf eine Frage sein kann, die mit „welche, welcher oder welches“ beginnen kann.**

Beispiel:
Ich sehe das Motorrad, das beschädigt ist.

a) *Ich sehe, dass das Motorrad beschädigt ist.*

b) *Der erste Satz kann eine Antwort auf die Frage „Welches Motorrad siehst du?“ sein.*

A) Das Foto zeigt das Fahrzeug, das Kratzspuren am Auspuff hat.

a) ....

....

B) Das kleine Bild zeigt den Tank, der eine Beule hat.

a) ....

....

C) Man kann die Hinterradfelge erkennen, die an einer Stelle durchgerostet ist.

a) ....

....

D) Es ist das Motorrad zu sehen, das unrestauriert ist.

a) ....

....

Grammatik G

Weglassprobe
Die Konjunktion „dass“ bezieht sich auf das Prädikat des Hauptsatzes und erfordert außer dem Subjekt keine weiteren Ergänzungen. Bei einer Weglassprobe kann man alle weiteren Satzglieder streichen, ohne dass der Satz sinnlos wird.

Beispiel: *Ich sehe ~~heute Abend sehr genau~~, dass die Tastatur des Handys abgenutzt ist.*

5 **Streichen Sie gemäß der Weglassprobe die Satzglieder durch, ohne dass der Satz sinnlos wird, und entscheiden Sie auf dieser Grundlage, ob die Konjunktion „dass“ folgt, indem Sie das falsche Wort durchstreichen.**

Beispiele:
Ich betone ~~mit allem Nachdruck~~, ~~das~~/dass die Ware neu ist.

Man sieht ~~auf dem Foto sehr deutlich~~ das Zubehör, das/~~dass~~ man zusätzlich erwerben kann.

A) Es ist mir bei diesem Produkt nicht wichtig, das/dass man Zubehör erwerben kann.

B) Sie können mit Ihren eigenen Augen sehen, das/dass das Handy unbenutzt ist.

C) Bitte beachten Sie beim Bieten, das/dass das Ladegerät neu ist.

D) Ich bemängle das Display, das/dass sehr zerkratzt ist.

E) Ich bemängle außerdem, dass/das das Display einen Sprung hat.

6 **Setzen Sie in die folgenden unvollständigen Sätze die fehlende Konjunktion „sodass" an der passenden Stelle ein, und ergänzen Sie das Komma.**

Beispiel:
Die Jacke hat nicht die bestellte Größe ich Ihnen die Jacke zurücksende.

Die Jacke hat nicht die bestellte Größe, sodass ich sie Ihnen zurücksende.

A) Sie haben sehr spät geliefert ich Ihnen keine gute Beurteilung geben kann.

....

B) Die Ware kam sehr schnell ich den Verkäufer empfehlen kann.

....

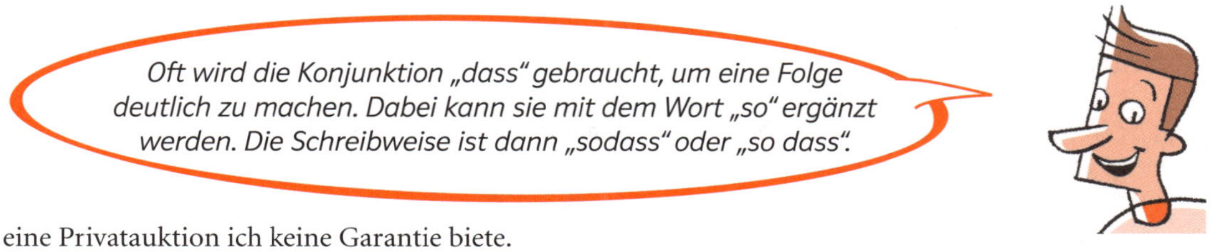

C) Dies ist eine Privatauktion ich keine Garantie biete.

....

D) Der Versand erfolgt als versichertes Paket kein Versandrisiko besteht.

....

Grammatik G

Direkte und indirekte Rede
Die Konjunktion „dass" wird häufig mit der indirekten Rede gebraucht, die eine Aussage nicht wörtlich wiedergibt.

Beispiel: *Paul sagte, dass er den Roller super finde.*

In der indirekten Rede wird der Konjunktiv I benutzt, der vom Präsens des Verbs gebildet wird.
Im Beispiel wird „er findet" zu „er finde".

7 **Bringen Sie die folgenden Aussagen in die indirekte Rede. Verwenden Sie dabei die Konjunktion „dass" und die vorgeschlagenen Einleitungen.**

Einleitungen: In der E-Mail schreiben Sie mir • In der Anzeige steht • In der Beschreibung heißt es
~~Unter Versandbedingungen wird aufgeführt~~ • Bei Artikelmerkmalen wird angeführt

Beispiel:
„Der Versand erfolgt sofort nach Zahlungseingang."

Unter Versandbedingungen wird aufgeführt, dass der Versand sofort nach Zahlungseingang erfolge.

A) „Der Artikel weist nur die üblichen Gebrauchsspuren auf."

....

B) „Zusammen mit der Motorradjacke werden Handschuhe angeboten."

....

C) „Auch der Gürtel ist in Ordnung und funktioniert einwandfrei.“

....

....

D) „Die Jacke ist in einem gepflegten Zustand.“

....

Grammatik G

Konjunktion „dass“ im Satzgefüge
Die Konjunktion „dass“ kann auch am Satzanfang stehen, wenn das Satzgefüge mit dem Nebensatz eingeleitet wird.

Es ist nicht schön ,	*dass es regnet* .	→	*Dass es regnet* ,	*ist nicht schön* .
Hauptsatz	Nebensatz		Nebensatz	Hauptsatz

8 **Verbinden Sie jeweils die Sätze mit der Konjunktion „dass“, die am Satzanfang platziert werden soll.**

Beispiel:
Der Artikel wurde schlecht beschrieben. Das ist eine persönliche Meinung.
Dass der Artikel schlecht beschrieben wurde, ist eine persönliche Meinung.

A) Madonna ist in der Rubrik Deutschrock zu finden. Das glaube ich nicht.

....

B) Die Sportfreunde Stiller sind unter Deutschrock zu finden. Das ist eher wahrscheinlich.

....

C) Es ist ein professioneller Händler. Das sieht man an den Angaben zum Verkäufer.

....

D) Dieser Anbieter ist wahrscheinlich zuverlässig. Das erkennt man an den positiven Bewertungen.

....

....

E) Private Personen bieten keine Garantie. Das bedeutet nicht: Es dürfen defekte Waren angeboten werden.

....

....

F) Bei diesem Angebot stimmt etwas nicht. Dies sieht man daran: Der Anbieter will nur über eine gesonderte E-Mail-Adresse den Verkauf abwickeln.

....

....

Grammatik

„dass-Satz" als Ergänzung des Subjekts
Die Konjunktion „dass" kann auch einen Nebensatz einleiten, der das Subjekt des Hauptsatzes ergänzt. Der Nebensatz wird direkt hinter dem Subjekt mit Kommas in den Hauptsatz eingefügt.

Die Tatsache ,	*dass der Reißverschluss defekt ist* ,	*wurde verschwiegen* .
Subjekt		Prädikat
Hauptsatz	Nebensatz	Hauptsatz

9 **Setzen Sie in die Sätze jeweils einen passenden Nebensatz ein, der mit der Konjunktion „dass" eingeleitet wird.**

Beispiel:
Einen Hinweis gab es nicht. Das Verfallsdatum ist abgelaufen.

Einen Hinweis, dass das Verfallsdatum abgelaufen ist, gab es nicht.

A) Eine Bemerkung ist nicht vorhanden. Die Originalverpackung fehlt.

....

B) Die Behauptung ist unwahr. Der Artikel ist neu.

....

C) Die Angabe ist untertrieben. Der Artikel hat leichte Gebrauchsspuren.

....

D) Die Beschreibung ist ungenau. Der Schuh hat ein elegantes Design.

....

Abschlusstest

1. Setzen Sie „dass" oder „das" und die richtige Verbform ein.

A) Ich kann sehen, _______ der Lack Schäden __________ (aufweisen).
B) Man kann _______ Rücklichtglas erkennen, _______ einen Sprung _______ (haben).
C) Man kann deutlich erkennen, _______ die Reifen abgefahren _______ (sein).
D) Das Foto zeigt sehr deutlich, _______ beide Spiegel defekt _______ (sein).
E) _______ Foto zeigt deutlich das Fahrgestell, _______ ohne Mängel ist.
F) Ich bitte Sie darum, _______ Sie mir noch weitere Fotos senden.
G) Ich hoffe, _______ _______ Foto Ihnen gefallen hat.
H) Ich hoffe, _______ Foto hat Ihnen gefallen.
I) Sie haben mir gemailt, _______ Ihnen die Jacke __________ (gefallen).
J) Sie haben mir gemailt, _______ _______ Paket angekommen _______ (sein).
K) Ich habe den Betrag bereits überwiesen, so ______________ ich Sie bitte, die Ware nun zu versenden.
L) _______ _______ Bewertungsprofil sehr positiv ist, zeigt, _______ der Anbieter wahrscheinlich zuverlässig ist.
M) _______ heißt aber nicht, _______ man sicher sein kann, _______ _______ Angebot auch gut ist.

Online-Link
803802-0003

Großschreibung

Grundregel: Im Deutschen werden die Wörter in der Regel kleingeschrieben.

Großschreibung des ersten Wortes eines Satzes

1 **Fügen Sie in den folgenden Text die unten aufgeführten Wörter in der vorgegebenen Reihenfolge ein. Entscheiden Sie dabei, ob es sich um einen neuen Satz handelt. Dann müssen Sie das Wort großschreiben und ein Satzzeichen (Punkt, Ausrufezeichen oder Fragezeichen) einfügen.**

Inhaltsangabe zum Film-Klassiker Casablanca:

Die Handlung des Films spielt im Zweiten Weltkrieg, als Frankreich ______ der deutschen Wehrmacht besetzt war ______ Menschen flüchteten aus Frankreich in die noch nicht besetzte französische Kolonie Marokko ______ dort aus ging es dann oft nach Amerika _____ der Hafenstadt Casablanca betreibt der von Humphrey Bogart gespielte Rick ein Café ______ ist Zufluchtsort für viele Emigranten ______ taucht die von Ingrid Bergmann __________ frühere Geliebte Ricks auf Ilsa ist in Begleitung ihres Mannes, der eine wichtige Rolle im französischen Widerstand spielt __________ einer List verhilft Rick den beiden nach vielen Verwicklungen zur Flucht

von • viele • von • in • dies • dort • gespielte • mithilfe

Rechtschreibung

Regel 1: Das erste Wort eines Satzes wird großgeschrieben.

Beispiel:
Ich gehe am Wochenende ins Kino.

Rechtschreibung

Regel 2: Das erste Wort bei der direkten Rede wird großgeschrieben.

Beispiel: *Sie fragte ihn: „Willst du mit mir ins Kino gehen?"*

2 **Ergänzen Sie einen möglichen Filmdialog mit direkter Rede, indem Sie die Wiedergabe einer Szene aus „Casablanca" zu Hilfe nehmen, in der Rick seine ehemalige Geliebte erwartet.**

Inhalt der Szene:

Ilsa kommt zu Rick, der sich spätnachts in seiner Bar betrinkt, und sagt, dass sie mit ihm sprechen müsse. Rick entgegnet, dass er auf sie gewartet habe. Dies sei sein erstes Glas. Er wolle es mit Ilsa trinken. Ilsa antwortet, dass es nicht der richtige Tag dafür sei. Rick greift Ilsa an, indem er sie fragt, warum sie nach Casablanca kommen musste.

Er weist darauf hin, dass es noch andere Städte gebe. Sie fordert von Rick, er solle ihr glauben, und sie wäre nicht hierher gekommen, wenn sie gewusst hätte, dass er hier sei. Rick geht gar nicht darauf ein und bemerkt, dass ihre Stimme sich nicht verändert habe.

Ilsa kommt zu Rick, der sich spätnachts in seiner Bar betrinkt, und sagt: „________________________

__________“ Rick entgegnet: „____

________________________________“ Ilsa antwortet: „________________________________“

Rick greift Ilsa an und fragt sie: „____

______________________________“ Sie fordert: „________________________________

____“ Rick geht gar nicht darauf ein und bemerkt:

„____“

Rechtschreibung R

Regel 3: Das erste Wort eines selbständigen Satzes (mit Subjekt und Prädikat) nach einem Doppelpunkt wird großgeschrieben.

Beispiel: *Zu Casablanca kann man sagen: Romantisch und traurig ist das Ende des Films.*

3 **Formulieren Sie A) bis D) so um, dass nach dem Doppelpunkt ein selbständiger Satz steht, und ergänzen Sie die Vorgabe unter Beachtung der Regel.**

Beispiel:
Humphrey Bogart spielt wie immer: eiskalt und arrogant.
Humphrey Bogart spielt wie immer: Er wirkt eiskalt und arrogant.

A) Mein Urteil zu Ingrid Bergmann in diesem Film: durch Schönheit überzeugend.

....

....

B) Der politische Hintergrund des Films: der Zweite Weltkrieg.

....

....

C) Die Handlung lässt sich einfach beurteilen: langweilig und unglaubwürdig.

....

....

D) Das ist kultig an dem Film: der Song „As Time goes by“.

....

....

4 **Erstellen Sie aus den folgenden Wörtern Anreden und Grußformeln, und ordnen Sie diese nach dem Grad der formalen Höflichkeit:**

freundlichen Damen und Grüßen mit sehr grüße euch hallo ich ciao geehrte Herren

Anreden: ....

....

Grußformeln: ....

....

Rechtschreibung R

Regel 4: Das erste Wort einer Anrede oder einer Grußformel wird großgeschrieben.

Beispiele: Grußformel: ***G**uten Tag!*
Anrede: ***L**iebe Leserinnen und Leser*

5 **a) Finden Sie aus den folgenden Wörtern bekannte Filmtitel heraus, und schreiben Sie die Titel auf.**
b) Geben Sie jeweils an, zu welcher Wortart das erste Wort gehört.

A) Kuckucksnest über flog einer das

a) ....

b) ....

B) dritten der Begegnung unheimliche Art

a) ....

b) ....

C) tanzt der Wolf mit dem

a) ....

b) ....

D) des Banne im Jade-Skorpions

a) ....

b) ....

E) um die 80 in Welt Tagen

a) ....

b) ....

F) des Schatzes verlorenen Jäger

a) ....

b) ....

Rechtschreibung R

Regel 5: Bei Titeln von Filmen und anderen Kunstwerken wird das erste Wort großgeschrieben. Dies gilt auch für Überschriften.

Beispiel: *Der Herr der Ringe*

Großschreibung von Namen und Titeln

6 **Film- und Fernseh-Regisseure und -Regisseurinnen leiten und motivieren alle an der Herstellung einer Produktion beteiligten Personen. Sie sind verantwortlich für die künstlerische Umsetzung des Films. Finden Sie mithilfe der vorgegebenen Silben bekannte deutsche und internationale Regisseure, und schreiben Sie Vor- und Nachnamen auf.**

al al berg brick cas cock dy fred george hitch ki ku lans len ley lu man po quen ro spiel stan ste taran tin tino ven woo

....

....

....

Rechtschreibung R

Regel 6: Vor- und Nachnamen werden großgeschrieben.

Beispiel: *Hannes Meyer*

7 **Formulieren Sie die Umschreibungen A) bis E) entsprechend der Regel 7 um.**

A) Eine Stiftung, die nach Greta Garbo benannt ist:

....

B) Eine Filmakademie, die nach Rainer Werner Fassbinder benannt ist:

....

....

C) Eine Straße, die nach Fritz Lang benannt ist:

....

D) Der Kult, der um James Dean gemacht wird:

....

E) Die Filme von Billy Wilder:

....

Rechtschreibung R

Regel 7: Zusammensetzungen mit Vor- und Nachnamen werden großgeschrieben und meist mit Bindestrich verbunden.

Beispiel: *Die Marilyn-Monroe-Biografie*

8 **Finden Sie heraus, welche Titel und Amtsbezeichnungen in dem Buchstabensalat versteckt sind, und schreiben Sie diese in richtiger Schreibweise auf.**

rd. firsütn beministundesr forp. stesseärktaatr rafg

siedranutt kichöngile hieoht

....

....

....

Rechtschreibung R

Regel 8: Titel und Amtsbezeichnungen werden großgeschrieben.

Beispiel: *Präsident*

9 **Finden Sie senkrecht und waagerecht geografische Bezeichnungen, und schreiben Sie diese auf. Hilfe: Alle Namen sind Bestandteile von Filmtiteln.**

Rechtschreibung R

Regel 9: Geografische Namen werden großgeschrieben.

Beispiele:
Paris, Europa

M	V	E	N	E	D	I	G	M	N	G	S	H	U	K	Z	E	N	H	R
D	R	E	A	R	F	G	T	D	L	I	B	N	M	O	S	K	A	U	L
F	P	F	I	L	M	O	B	Z	O	P	Z	L	V	P	G	W	U	P	D
H	O	K	C	T	F	S	T	L	N	D	F	S	R	E	C	E	M	R	S
E	M	G	H	E	I	H	E	C	D	I	I	C	B	G	X	S	V	D	M
O	P	L	D	X	U	A	O	H	O	W	D	H	F	Z	N	H	I	F	P
B	E	S	M	A	F	N	B	S	N	H	I	I	G	K	F	S	E	V	E
O	J	D	K	S	K	G	N	E	Z	E	O	N	M	T	C	E	T	G	L
L	I	E	U	D	M	H	R	A	R	F	P	A	R	I	S	R	N	O	V
F	H	V	H	U	T	A	I	W	D	K	V	K	O	B	D	K	A	L	G
S	K	A	M	E	R	I	K	A	G	T	C	P	G	E	K	S	M	T	U
O	U	K	Y	O	N	C	R	N	X	K	T	K	Z	T	U	H	E	U	D

1. ....
2. ....
3. ....
4. ....
5. ....
6. ....
7. ....
8. ....
9. ....
10. ....
11. ....

10 **Schreiben Sie Eigennamen auf. Wählen Sie aus den Vorgaben die eine richtige Lösung aus.**

Beispiel:
mecklenburgisch: Wald, Seenplatte, Heide

Mecklenburgische Seenplatte

indisch: Filmindustrie, Halstuch, Ozean

....

atlantisch: Gefühle, Ozean, Lachs

....

bayrisch: Knödel, Wald, Lebensart

....

italienisch: Salat, Riviera, Sprache

....

Rechtschreibung R

Regel 10: Von geografischen Namen abgeleitete Wörter werden immer großgeschrieben, wenn sie Teil eines Eigennamens sind.

Beispiel: *Schwäbische Alb*

11 **Schreiben Sie Bezeichnungen auf, die von den vorgegebenen geografischen Bezeichnungen abgeleitet sind.**

Ulm: ....

Berlin: ....

Schweiz: ....

Washington: ....

München: ....

Leipzig: ....

Mailand: ....

Moskau: ....

Rechtschreibung R

Regel 11: Von geografischen Namen abgeleitete Wörter auf „er" schreibt man immer groß.

Beispiel: *Schweizer Käse*

12 **Finden Sie in Ihrem Wohnort oder in der nächsten Stadt Beispiele für diese Schreibweisen.**

Rechtschreibung R

Regel 12: Bei Straßennamen schreibt man groß: das erste Wort und alle zum Namen gehörenden Adjektive und Zahlwörter.

Beispiele: *Kurze Gasse, Neuer Markt*

Großschreibung von Substantiven und Substantivierungen

13 **Schreiben Sie aus dem folgenden Text die Substantive heraus. Unterscheiden Sie zwischen Substantiven, die Personen oder Dinge bezeichnen, die man mit den Sinnen erfassen kann, und Substantiven, die abstrakte Begriffe kennzeichnen, die man nur gedanklich erfassen kann.**

Rechtschreibung R

Regel 13: Substantive (Hauptwörter) werden großgeschrieben. Bezeichnungen für Dinge, Lebewesen und abstrakte Begriffe sind Substantive und werden großgeschrieben.

Beispiele: *Film, Regisseurin, Idee*

Alfred Hitchcock, „Vertigo – Aus dem Reich der Toten" (1958)

John „Scottie" Ferguson arbeitet als Privatdetektiv in San Francisco, nachdem er seinen Dienst als Polizist quittiert hat. Er hatte aufgrund seiner Höhenangst einen Kollegen nicht retten können. Ein Bekannter gibt ihm den Auftrag, seine Frau Madeleine zu beschatten, die sich von einem Geist verfolgt glaubt und Selbstmordgedanken hegt. Aber auch hier scheint Scottie zu versagen. Vor seinen Augen läuft Madeleine die Treppe eines Glockenturms hinauf. Er ist aber durch seine Höhenangst nicht in der Lage, ihr zu folgen. Er hört einen Schrei und sieht, wie sich Madeleine in die Tiefe stürzt und zerschmettert wird. Erst später findet er heraus, dass er auf eine Doppelgängerin hereingefallen war. Das Ende des Films ist dann dramatisch: Aber dazu muss Scottie seine Ängste überwinden.

Personen und Dinge	Abstrakte Begriffe
John „Scottie" Ferguson, ...	*Dienst* ....
....	....
....	....
....	....
....	....

14 **Ergänzen Sie den ersten Buchstaben und unterstreichen Sie das Substantiv, auf das sich der Artikel bezieht.**

In dem Film geht es um ein __affiniert __ingefädeltes __omplott. Scotties __chwache __erven halten dies nicht aus. Er hat einen __chlimmen __raum nach dem anderen. Deshalb begibt er sich in eine Heilanstalt. Nach der __cheinbar __rfolgreichen __enesung hält er dennoch jede Frau für Madeleine, die eine __ewisse __hnlichkeit mit ihr besitzt. Dann sieht er eine __unkelhaarige __rau in einem __rauen __ostüm.

Tipp:
Wörter mit Artikel sind Substantive und werden großgeschrieben. Die Artikel stehen aber nicht immer direkt vor dem Substantiv.

15 **a) Der Artikel hat mehrere Formen. Ergänzen Sie diese in der folgenden Tabelle.**

Singular				Plural
	männlich	**weiblich**	**sächlich**	**m/w/s**
Nominativ (N)	der (Film)	die (Rolle)	das (Drehbuch)	die Filme
	ein (Film)	eine (Rolle)	ein (Drehbuch)	die Rollen
				die Drehbücher
Genitiv (G)				
Dativ (D)				
Akkusativ (A)				

b) Geben Sie an, welche Fälle die unten aufgeführten Präpositionen (Verhältniswörter) erfordern.

angesichts __, aufgrund __, außer __, außerhalb von __, aufgrund von __, bei __, durch __, entgegen __, für __, hinter __, in ____, jenseits __, mit __, neben __, ohne __, statt __, trotz __, unter ____, unterhalb __, während __, wegen __, zwischen ____

16 **Erstellen Sie Sätze, in denen die folgenden Begriffe sinnvoll mit dem Verb „haben“ oder „besitzen“ verbunden werden. Formulieren Sie dazu die Vorgaben um.**

Scottie freute sich an seinem Beruf. Er war ein mutiger Polizist. Höhe machte ihn aber ängstlich.
Er glaubte, am Tod seines Freundes schuld zu sein. Er glaubte nicht mehr an sich.

Freude: ....

....

Mut: ....

Angst: ....

Schuld: ....

....

Glaube:

....

17 **Vervollständigen Sie die folgenden Sätze mit den möglichen Begriffen unten.**

freude • angst • mut • schuld • glück • glaube • leid • unrecht

Ich bin .... Du tust mir ....

Mir wird .... Es ist mir ....

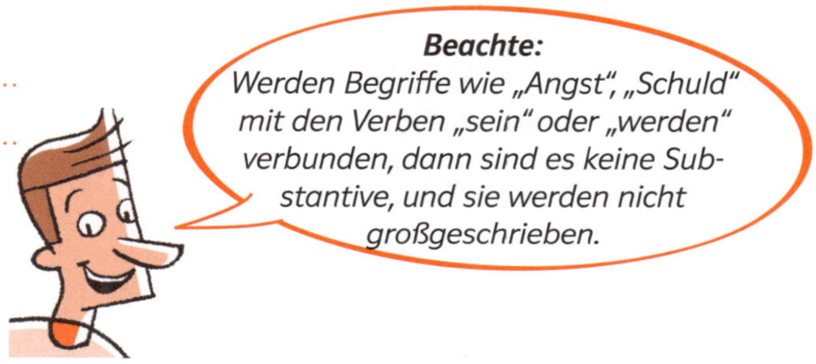

18 **Bilden Sie mit den Endungen *-heit, -keit, -ling, -nis, -sal, -schaft, -tum, -ung* Substantive. Teilweise sind mehrere Lösungen möglich.**

Arbeitslosig___, Ausstell___, Bedroh___, Beleg___, Besprech___, Bevölker___, Beweg___, Bot___, Dunkel___, Eigen___, Ein-___, Einsam___, Entscheid___, Entwickl___, Ereig___, Erkennt___, Erklär___, Erleb___, Fähig___, Finster___, Forder___, Frei___, Früh___, Führ___, Geheim___, Gelegen___, Gemein___, Gesell___ Gesund___, Gewerk___, Heilig___, Heiter___, Herr___, Hinder___, Irr___, Kind___, Klar___, Lächerlich___, Lehr___, Leiden___, Lieb___, Lös___, Mehr___, Mein___, Meister___, Mensch___, Möglich___, Offen___, Öffentlich___, Partner___, Persönlich___, Regier___, Reich___, Säug___, Scheu___, Schick___, Schön___, Sicher___, Tätig___, Trüb___, Unabhängig___, Unsicher___, Verantwort___, Verhält___, Wachs___, Wahr___, Wirklich___, Wirt___, Wissen___, Zeug___.

19 **Lösen Sie das Silbenrätsel. Es werden Fremdwörter aus dem Bereich Film und Internet gesucht.**

box • con • emo • er • fly • gie • in • mail • ne • quette • qui • re • re • site • ti • tro • ti

künstlerische Leitung eines Filmes: ....

Stelle beim Film für das notwendige Zubehör: ....

Zeichenkombination im Internet für Gefühle: ....

Handzettel: ....

Einleitung, Vorspann: ....

elektronischer Briefkasten: ....

Umgangsformen im Internet: ....

20 **Sortieren Sie die Buchstaben und schreiben Sie die richtige Abkürzung in korrekter Groß- und Kleinschreibung auf.**

Compact Disc Read Only Memory (dc-omr): ....

Elektronische Mail (ila-me): ....

Gesellschaft mit beschränkter Haftung (bgmh): ....

Technischer Überwachungsverein (vüt): ....

Elektronische Datenverarbeitung (dev): ....

Lastkraftwagen (klw): ....

Freiwillige Selbstkontrolle (skf): ....

21 **Setzen Sie die passenden Wörter ein. Schreiben Sie die substantivierten Verben nach dem jeweiligen Artikel groß.**

veranschaulichen • sehen • ansprechen
verbinden • umsetzen • werben • visualisieren

Das ______________________ bedeutet die Veranschaulichung von Informationen. Man kann ___________________, indem man das __________ anspricht. Dazu geeignet ist das _________________ von Handlung in Storyboards. Aber auch im wirtschaftlichen Leben ist das _________________ der optischen Reize von großer Bedeutung. Das _________________ für Produkte ist oft nichts anderes als das _________________ des Produktes mit einem visuellen Reiz.

Rechtschreibung R

Regel 14: Substantivierte Verben werden großgeschrieben.

Beispiel: *das Zuhören*

22 **Wandeln Sie die markierten Verben in Substantive um. Schreiben Sie dazu das ebenfalls markierte Adjektiv und das substantivierte Verb jeweils in die rechte Spalte.**

A) Es ist nicht einfach, gut zu visualisieren. ....

B) Man sollte es lernen, schwierige Zusammenhänge einfach darzustellen. ....

C) Es ist fehlerhaft, wichtige Details leichtsinnig zu vernachlässigen. ....

D) Es kommt darauf an, die wichtigsten Dinge angemessen zu berücksichtigen. ....

E) Es ist richtig, Informationen unterschiedlich zu veranschaulichen. ....

F) Es sollte beachtet werden, dass Diagramme übersichtlich dargestellt werden. ....

G) Es ist auch erlaubt, einfach zu skizzieren. ....

23 **Setzen Sie die erste Silbe richtig ein. Schreiben Sie die substantivierten Adjektive groß.**

schö • gro • far • dun • all • neu • schwie • schnell • le

Das ______bige	Im ______keln	Der __________ste
Viel ______es	Das __________rige	Das ______ße
Etwas ________nes	Das ______sen	Im ______gemeinen

Rechtschreibung R

Regel 15: Substantivierte Adjektive werden großgeschrieben.

Beispiel: *im Großen und Ganzen*

Rechtschreibung R

Regel 16: Substantivierte Farbbezeichnungen werden großgeschrieben.

Beispiel: *das Grüne*

24 **Ordnen Sie die Farbbezeichnungen richtig zu. Schreiben Sie die Substantivierungen groß. Beachten Sie, dass Schwarz und Weiß in dem Text als Farben behandelt werden.**

blau • blau • blau • gelb • grün • schwarz • weiß • rot • rot

Bei Präsentationen sollte man den Einsatz von Farben sorgfältig wählen. Wenn man Schrift in __________ darstellt, dann ist sie oft nicht gut lesbar, wenn der Hintergrund hell oder sogar __________ ist. Die Farben __________ oder __________ sind dann besser geeignet. Anders ist es bei farbigem Hintergrund. Hier muss man aber auf die Farbkontraste achten: Wählt man die Farbe __________ als Hintergrund, dann wirkt Schrift in ________ verschwommen, da sich das Auge nicht auf beide Farben einstellen kann. Aber auch bei den Hintergrundfarben ist Überlegen angebracht: Die Farbe ________ wirkt auf viele Menschen sehr aggressiv. Wählen Sie einen __________ Hintergrund, dann wirkt Ihre Präsentation seriöser. Bedenken Sie, dass __________ auch als Lieblingsfarbe der Deutschen gilt.

Rechtschreibung R

Regel 17: Substantivierte Partizipien werden großgeschrieben.

Beispiel: *der Laufende, die Gejagten*

Grammatik G

Partizip I und Partizip II
Partizip I und Partizip II sind gebeugte Verbformen.

Das **Partizip I** wird durch Anhängen von „d“ an den Infinitiv eines Verbs gebildet und kennzeichnet einen Zustand.

Beispiel: *laufend*

Das **Partizip II** endet mit „en“ bei starken Verben oder mit „t“ bei schwachen Verben, wobei häufig „ge“ vorangestellt wird. Das Partizip II wird meist für Zeitformen und das Passiv verwendet.

Beispiele: *geschlafen, gemacht*

25 **Erstellen Sie das Partizip I und das Partizip II und substantivieren Sie diese Formen. Erklären Sie die jeweilige Bedeutung mündlich.**

bestellen	*Die/der Bestellende*	*Das Bestellte*
erzählen		
darstellen		
zeichnen		
präsentieren		
skizzieren		
malen		
stehen		
bewegen		
wissen		
sehen		

26 Wandeln Sie die folgenden Begriffe in Substantive um.

pro und kontra: ....

wie: ....

er: ....

mein: ....

hallo: ....

hin und her: ....

Rechtschreibung

Regel 18: Es können noch andere Wortarten zu Substantiven werden. Sie werden dann großgeschrieben.

Beispiele: *eine Sie*

Beachte:
Unbestimmte Pronomen werden fast nie zu Substantiven und werden meistens kleingeschrieben:
einer, beide, alle, manche, jede, jene.

Tipp:
Häufig weisen vorangehende Präpositionen (in, am, unter …) und unbestimmte Mengenangaben auf Substantivierungen hin.

27 Setzen Sie eine Präposition oder eine unbestimmte Mengenangabe passend ein, und markieren Sie die darauf folgende Substantivierung.

nichts • am • in • aufs • alles • im • viel • etwas

Das Bewerbungsschreiben muss ______ fehlerfreiem Deutsch geschrieben sein. ______ Allgemeinen wird erwartet, dass es in einer Bewerbungsmappe abgeheftet ist. Wenn in den Unterlagen ______ Fehlerhaftes enthalten ist, dann wird die Reaktion __________ Erfreuliches bringen. Wenn man __________ Bemühen zeigt, ist dies nicht genug. Man sollte ________ Erdenkliche tun, um einen guten Eindruck zu machen. Sonst muss man sich ______ Schlimmste vorbereiten. ______ besten arbeitet man sehr gründlich.

Beachte:
Superlative mit „am" schreibt man klein, wenn man sie nicht zu „an dem" auflösen kann. Es wird in diesen Fällen nach dem „Wie?" gefragt.

28 **Übertragen Sie die Datumsangaben in allgemeine Zeitangaben. Benutzen Sie dazu substantivische Zeitangaben. Ausgangspunkt Ihrer Zeitangaben ist der 18. Mai.**

16.05. 22:00 – 24:00 Uhr	vorgestern Nacht
17.05. 18:00 – 18:30 Uhr	
18.05. 08:00 – 08:20 Uhr	
18.05. 12:00 – 13:00 Uhr	
18.05. 15:00 – 16:00 Uhr	
19.05. 08:00 – 08:20 Uhr	
07:00 Uhr	eines
Montag, 18:00 Uhr	am
dienstags	jeden
vor 24:00 Uhr	vor
18:00 – 20:00 Uhr	der

Beachte:
Die Zeitangaben gestern, heute, morgen, vorgestern, übermorgen, früh sind Adverbien und werden kleingeschrieben.
Ebenso sind Zeitangaben ohne Begleiter mit angehängtem „s" Adverbien und werden kleingeschrieben: morgens, mittags, abends, nachts, montags …

Rechtschreibung R

Regel 19: Angaben zu Tageszeiten werden meist großgeschrieben.

Beispiele: *Montagabend, gestern Morgen*

29 **Tragen Sie die Anrede oder das Possessivpronomen in die Lücken ein.**

Sehr geehrte Frau Mehlhorn,

vielen Dank für ________ Schreiben von gestern und ________ Angebot, mich bei ________ persönlich vorzustellen. Den von ________ vorgeschlagenen Termin kann ich so wahrnehmen. Gerne bringe ich ________ auch die gewünschten Unterlagen mit, damit ________ sich von meinen Fähigkeiten überzeugen können.

Ich freue mich auf das persönliche Gespräch mit ________.

Mit freundlichen Grüßen

Rechtschreibung R

Regel 20: Die höfliche Anrede und das entsprechende Possessivpronomen werden großgeschrieben.

Beispiele: *Sie, Ihnen, Ihre*

Beachte:
Das Anredepronomen „du" und seine abgeleiteten Formen werden kleingeschrieben. Im Brief kann man sie auch großschreiben.

Abschlusstest

Fügen Sie die fehlenden Buchstaben in Groß- oder in Kleinschreibung ein.

___estern ___bend war ich im Kino und habe mir einen Klassiker angeschaut. ___n dem Film „___iner flog über das Kuckucksnest“ ___eht es um die Zustände in psychiatrischen Kliniken. „___ie Zustände in der Nervenheilanstalt sind wirklich menschenunwürdig“, ___agte meine Freundin. ___a konnte ich nur zustimmen: „___a geht es wirklich sadistisch zu.“ Für die meisten Patienten gilt: ___ie sind dem Regime der Stationsschwester ausgeliefert. Und ___ie weisen folgende Merkmale auf: ___ilflos, einsam und verzweifelt. Mc Murphy ist aber anders: ___r ist lebenslustig und draufgängerisch. Er wird von ___ack ___icholson gespielt, und ___iele sprechen davon, dass die ___ack-___icholson-___ilme schon Kult sind.

Online-Link ↗ 803802-0004

Jack Nicholson ist aber noch ein einfacher ___ürger, er ist weder ___ürst noch ___raf. Er könnte sich als Lehrer bezeichnen. Den Titel des ___tudienrates oder gar des ___tudiendirektors darf er sich aber nicht anmaßen, auch wenn er ___tudiert hätte.

Eine Irrenanstalt ist natürlich eine außergewöhnliche Kulisse für einen Film. Meistens suchen sich die ___egisseure Orte heraus, die an sich schon interessant sind: ___ine Insel im ___azifischen Ozean, ein Schloss in den ___chweizer Alpen, ein See im ___ayrischen Wald oder ein Hotel in ___talienischen Gefilden.

Da möchte man natürlich auch gerne ___chauspieler sein und ___aterielle ___nerkennung und ___obende ___orte bekommen. Aber ein ___ettes ___ob kann man natürlich aufgrund seines ___ichtigen ___erhaltens überall bekommen, weshalb man auch nicht in ___elbstmitleid verfallen sollte. Es muss einem nicht ___ngst sein, man sollte an seinen ___ut glauben und ___reude entwickeln. Schließlich ist man an ___ielem selbst ___chuld. Man kann nicht alles auf das ___chicksal schieben: Die eigene ___reiheit, die eigenen ___ähigkeiten und die eigene ___eidenschaft können einem helfen, eigene Ziele zu verwirklichen. Das ___erfolgen des eigenen Weges ist wichtiger als das ___räumen von ___nerreichbaren ___ielen.

Das ___ngemessene ist ___edeutender, als man meint. Im ___llgemeinen ist es auch ___chöner, den eigenen Weg zu verfolgen. Das ___elbständig ___rreichte ist am ___esten. Das ___ie ist oft wichtiger als das Ergebnis. Viele lügen natürlich das ___laue vom ___immel herunter. Aber letztendlich bedeutet dies ___ichts. Dies wollte ich ___hnen in diesem Buch noch sagen.

Zusammenschreibung

Grundregel: Wörter werden normalerweise voneinander getrennt geschrieben.

Ich kenne aber auch Wörter, die nicht getrennt geschrieben werden. Autoschlüssel zum Beispiel.

Genau, das ist ein gutes Beispiel. Aus zwei Substantiven ist durch die Zusammenschreibung ein neues Hauptwort geworden. Es ist geregelt, was zusammengeschrieben wird. Diese Regeln solltest du kennen und anwenden. Die erste Regel betrifft dein Beispiel. Sie ist sehr einfach.

Substantive

1 **Fügen Sie jeweils zwei der folgenden Substantive zu mindestens zehn neuen Substantiven zusammen. Sie können einzelne Substantive mehrfach verwenden.**

Substantive: Auto • Bahn • Bericht • Fahrerin • Feuerwehr • Händler • Schrott • Transporter • Unfall

Zusammengefügte Substantive: *Autobahn* ....

....

....

....

....

....

....

....

Rechtschreibung

Regel 1: Substantive (Hauptwörter) können mit Substantiven und Wörtern anderer Wortarten Verbindungen eingehen, die zusammengeschrieben werden.

Beispiele: *Autowerkstatt, Montagmittag*

Um Unübersichtlichkeit oder Missverständnisse zu vermeiden, kann es sinnvoll sein, **Bindestriche** *zu setzen.* ***Beispiele:*** *Schnell-Ladegerät, Handwerker-Leben*

2 **Ermitteln Sie auch mit Hilfe des Kalenderausschnittes den Wochentagsnamen, der jeweils zu dem unten angegebenen Datum passt. Verbinden Sie dann jeweils die Wochentagsnamen mit den an den Uhrzeiten erkennbaren Tageszeiten, und schreiben Sie die Zusammensetzungen auf.**

Zusammensetzungen aus Wochentagen und Tageszeiten:

7. April, 7:30 Uhr = *Montagmorgen* ....

8. April, 12:00 Uhr = ...

8. April, 14:30 Uhr = ...

10. April, 15:10 Uhr = ...

2. Mai, 10:25 Uhr = ...

April

Montag		7	14	21	28
Dienstag	1	8	15	22	29
Mittwoch	2	9	16	23	30
Donnerstag	3	10	17	24	
Freitag	4	11	18	25	
Samstag	5	12	19	26	
Sonntag	6	13	20	27	

3 **Fügen Sie Ihre aus Wochentagen und Tageszeiten zusammengesetzten Substantive von Aufgabe 2 sinnvoll in den folgenden Lückentext ein.**

Der 7. April begann für mich mit einem Schock. Es war wieder einmal ein ______*Montagmorgen*______! Mein Wecker zeigte 7:30 Uhr an! Schon seit zwanzig Minuten müsste ich also eigentlich im Zug sitzen, um rechtzeitig in Hamburg sein zu können. Ich hatte total verschlafen! Plötzlich schellte mein Handy! Es war Frau Müller, die Personalchefin der Firma in Hamburg. Frau Müller bat um Entschuldigung und fragte mich, ob wir mein Vorstellungsgespräch auf ____________________, 15:10 Uhr, verschieben könnten. Sie müsste nämlich kurzfristig bis einschließlich ____________________, 12:00 Uhr, einen unaufschiebbaren Außentermin wahrnehmen. Und sowohl am ____________________ als auch am folgenden Mittwoch sei ihr Terminkalender randvoll. Falls mir ihr Vorschlag nicht recht sei, könne sie mir jedoch erst für ____________________, den 2. Mai, um 10:25 Uhr wieder einen Termin anbieten. Vorher sei sie in Urlaub. Ich sagte natürlich für den 10. April zu und war glücklich!

4 **Verbinden Sie jeweils ein Substantiv mit einem Adjektiv zu einem neuen Substantiv. Schreiben Sie die Substantive groß und zusammen, und fügen Sie jeweils den passenden Artikel hinzu.**

Substantive: ~~Bau~~ • Erwerbung • Flieger • Öl • Restaurant • Schrift • Stapler

Adjektive: alt • billig • hoch • neu • schnell • schön • ~~tief~~

Neue Substantive: *der Tiefbau,* ....

....

....

5 **Verbinden Sie jeweils das Adjektiv mit dem Substantiv, und schreiben Sie das neue Substantiv jeweils hinter den vorgegebenen Artikel.**

A) kleiner Wagen	der *Kleinwagen*
B) neuer Wagen	der
C) frisches Gemüse	das
D) blaues Licht	das
E) kalter Start	der
F) rohes Öl	das
G) heiße Luft	die
H) schöne Schrift	die
I) bunter Specht	der
J) doppelte Tür	die
K) tiefer Druck	der
L) hoher Druck	der
M) lehmiger Boden	der
N) weiße Wäsche	die
O) schneller Läufer	der

6 **Streichen Sie jeweils einen Straßennamen durch, der nicht in die Gruppe passt. Der jeweils erste Buchstabe der gestrichenen Straßennamen ergibt in der Reihenfolge 1 bis 5 gelesen als Lösungswort den ersten Teil eines Straßennamens.**

1
Martinsstraße
~~Thomas-Mann-Straße~~
Ottostraße
Josefstraße
Wilhelmastraße

2
Buchenweg
Ulmenweg
Erlenweg
Eichenweg
Eichsfelder Weg

3
Drosselgasse
Lerchengasse
Im Vogelsang
Amselgasse
Finkengasse

4
Rathausplatz
Bahnhofsplatz
Domplatz
Carl-von-Ossietzky-Platz
Marktplatz

5
Münchner Freiheit
Sauerländer Weg
Heilbronner Straße
Hamsterstiege
Potsdamer Platz

Lösungswort:

.................................*straße*

Beachte:
Ableitungen von Orts- und Ländernamen, die auf -er enden, werden getrennt geschrieben.
Beispiel: *Mescheder Straße (abgeleitet von der Stadt Meschede)*
Wenn der zum Straßennamen gehörende Name mehrteilig ist, wird mit Bindestrichen geschrieben.
Beispiele: *St.-Martin-Straße, Johannes-Rau-Platz*
Gebeugte Adjektive sowie Präpositionen mit Artikel werden vom Rest des Straßennamens getrennt geschrieben.
Beispiele: *Alter Deichweg, An der Dorfkirche, Am Dorfplatz, Zu den Gärten, Zum Brückenberg*

Rechtschreibung R

Regel 2: Wenn Namen von Straßen oder Plätzen aus mehreren Teilen bestehen, werden diese Teile zusammengeschrieben.

Beispiele: *Böttenbergstraße, Eulenweg, Bahnhofsgasse, Friedensplatz*

7 **Fügen Sie Teile der bei Aufgabe 6 gestrichenen Straßennamen in die Lücken der folgenden Firmenadressen ein.**

JÜRGEN LANGE GMBH
*Teich*straße 7
48151 Münster

BEDACHUNGEN MÜLLER
Frau Klara Schulze
_______________-Straße 17
07616 Ölmühle

Zoohandlung Dachsbau
Herrn Klaus Fuchs
Im _______________ 44
66894 Krähenwinkel

Kaufhaus Maier
Anne Johannsmeier
_______________ Weg 23
19209 Rosenhagen

BAUSCHLOSSEREI BIEGNER
Herrn Schweißmann
_______________stiege 69
18276 BAUHOF

TIEFBAU SOMMER & SAUER
Herrn Sommer
_______________ Platz 21
72250 Zuflucht

8 **Bilden Sie aus den folgenden Substantiven und Verben mindestens zehn als Substantive gebrauchte Wörter, und schreiben Sie diese auf. Sie können die Substantive und Verben mehrfach verwenden und auch Verben miteinander verbinden.**

Substantive:

~~Auto~~ • Baum • Holz • Motorrad
Rad • Ski

Verben:

~~fahren~~ • fällen • gehen • hacken • kennen
laufen • lernen • spazieren

> **Rechtschreibung** R
>
> **Regel 3:** Miteinander verbundene Wörter verschiedener Wortarten werden zusammengeschrieben, wenn sie als Substantive gebraucht werden.
>
> **Beispiele:** *(Das) Motorradfahren macht Spaß.*
> *(Das) Sitzenbleiben mögen viele Schüler nicht.*

Als Substantive gebrauchte Wörter:

das Autofahren, das ……………………………………………………………

……………………………………………………………

……………………………………………………………

……………………………………………………………

Verben

> **Rechtschreibung** R
>
> **Regel 4:** Verben können mit Substantiven, Adjektiven sowie Partikeln (z.B. Präpositionen und Adverbien) verbunden werden.
> Immer zusammengeschrieben wird, wenn die Verbteile beim Konjugieren ihre Reihenfolge nicht verändern.
>
> **Beispiele:** *schlussfolgern (Substantiv „Schluss" + Verb)*
> *vollbringen (Adjektiv „voll" + Verb)*
> *durchbrechen (Präposition „durch" + Verb)*
> *wiederholen (Adverb „wieder" + Verb)*

Beachte:
Einige mit Präpositionen oder mit Adverbien verbundene Verben können verschiedene Bedeutungen haben. Die Bedeutung hängt jeweils von der Betonung ab.
***Beispiel:** durchbréchen: „sich einen Weg bahnen"*
dúrchbrechen: „zerbrechen"
*Wenn **der zweite Bestandteil** betont ist, werden alle Formen zusammengeschrieben.*
***Beispiel:** Sie durchbrachen das Dickicht.*
*Wird **der erste Teil** betont, ist Zusammenschreibung nicht in allen Verbformen möglich.*
***Beispiel:** Sie brach den Bleistift durch.*

9 **Ergänzen Sie die fehlenden Verbformen in der folgenden Übersicht.**

Infinitiv (Grundform)	Präsens (Gegenwart)	Präteritum (Vergangenheit)
schlussfolgern	ich schlussfolgere	ich schlussfolgerte
vollenden	ich	ich
	ich handhabe	
Perfekt (vollendete Gegenwart)	**Plusquamperfekt (Vorvergangenheit)**	**Futur (Zukunft)**
ich habe geschlussfolgert	ich hatte geschlussfolgert	ich werde schlussfolgern
ich	ich	ich

10 **Verbinden Sie jeweils eines der Verben mit einem der Partikel. Schreiben Sie die neuen Verben auf.**

Partikel: ~~durch~~ • über • über • über • um • unter • wieder

Verben: ~~brechen~~ • fahren • fallen • holen • stellen • zeugen

Neue Verben:

durchbrechen, ……………………………………………………………

……………………………………………………………

……………………………………………………………

11 **Fügen Sie Verben Ihrer Lösungen von Aufgabe 10 jeweils sinnvoll und in der richtigen Form in die Lücken der folgenden Sätze ein.**

Schlafwandeln kann gefährlich sein

++ Gestern Nacht *durchbrach* ein Mann, während er schlafwandelte, das an einer Stelle morsche Geländer seines Balkons im ersten Stock und stürzte in ein Blumenbeet. Wie durch ein Wunder blieb er unverletzt. Am nächsten Morgen ________________ ihm seine Frau, er sei betrunken gewesen.

++ Eine achtzehnjährige Frau ______________ vorgestern gegen Mitternacht die Imbiss-Stube am Rathausplatz. Nachdem sie endlich richtig wach war, konnte sie die Polizisten auf der Wache nur mit Mühe davon ________________, dass sie Schlafwandlerin ist.

++ Zum ________________ Mal fiel ein Autofahrer gestern Nacht der Polizei auf. Er hatte sichtliches Vergnügen daran, mit Vollgas auf die Blumenkübel in der Fußgängerzone zuzurasen, dann abzubremsen und die Hindernisse mit großem Geschick zu ________________. Der Mann ist Schlafwandler und meinte, er sei auf dem Rummelplatz im Autoskooter.

Rechtschreibung

Regel 5: Verben können mit Partikeln (z.B. Präpositionen und Adverbien) der unten stehenden Liste verbunden werden. Diese Verbindungen werden nur
a) als Infinitive,
b) als Partizipien und
c) am Ende eines Nebensatzes zusammengeschrieben.

Beispiel: *abnehmen*
Infinitive: ***abnehmen/abzunehmen***
Partizip I: *Der Mond ist **abnehmend**.*
Partizip II: *Er hat sieben Kilo **abgenommen**.*
Verb am Ende des Nebensatzes: *Ich will, dass du mir das **abnimmst**.*

Partikel-Liste:

ab-
an-
auf-
aus-
bei-
beisammen-
da-
dabei-
dafür-
dagegen-
daher-
dahin-
dahinter-
daneben-
da(r)nieder-
dar-
d(a)ran-
d(a)rauf-
d(a)rauflos-
d(a)raus-
d(a)rein-
d(a)rin-
d(a)rüber-
d(a)rum-
d(a)runter-
davon-
davor-
dazu-
dazwischen-
durch-
ein-
einher-
empor-
entgegen-
entlang-
entzwei-
fort-
gegen-
gegenüber-
her-
herab-
heran-
herauf-
heraus-
herbei-
herein-
herüber-
herum-
herunter-
hervor-
hin-
hinab-
hinauf-
hinaus-
hindurch-
hinein-
hintenüber-
hinterdrein-
hinterher-
hinüber-
hinunter-
hinweg-
hinzu-
inne-
los-
mit-
nach-
nebenher-
nieder-
über-
überein-
überhand-
um-
umher-
umhin-
unter-
vor-
voran-
vorauf-
voraus-
vorbei-
vorher-
vorlieb-
vornüber-
vorüber-
vorweg-
weg-
weiter-
wider-
wieder-
zu-
zurecht-
zurück-
zusammen-
zuvor-
zuwider-
zwischen-

12 **Verbinden Sie die folgenden Verben mit Partikeln aus der bei Regel 5 abgebildeten Liste zu sinnvollen neuen Verben. Schreiben Sie die Infinitivformen zusammen.**

bauen ⟶ *abbauen* ....
laufen ....
kommen ....
wandern ....
fahren ....
klettern ....
steigen ....
bleiben ....

13 **Schreiben Sie Infinitivformen mit „zu" neben die Infinitive.**

	Infinitive mit zu		Infinitive mit zu
entgegennehmen	*entgegenzunehmen*	hinunterziehen	
fortgehen		nachkommen	
herausbringen		umherwandern	
hindurchkriechen		zusammensuchen	

14 **Kennzeichnen Sie in den folgenden Sätzen jeweils die Infinitive mit „zu" sowie eventuelle Erweiterungen unterschiedlich, und setzen Sie fehlende Kommas.**

Beispiele:
Sie liebte es zu lesen.
Sie liebte es, in Ruhe zu lesen.

A) Sie liebte es die Zeitung zu lesen.

B) Sie liebte es in Ruhe die Zeitung zu lesen.

C) Sie liebte es morgens in Ruhe die Zeitung zu lesen.

D) Dabei hatte sie es sich zur Gewohnheit gemacht interessante Stellenangebote anzustreichen.

E) Ohne zu frühstücken ging sie nie aus dem Haus.

Zeichensetzung Z

Regel: Kommasetzung
Der Infinitiv mit „zu" wird immer mit Komma abgetrennt, wenn noch ein oder mehrere Wörter zu ihm gehören.

Beispiel: *Er liebte es, im Freien herumzulaufen.*

15 **Fügen Sie bei Aufgabe 13 gebildete Infinitivformen mit „zu" in den folgenden Text ein. Unterstreichen Sie die Infinitiv-Erweiterungen, und setzen Sie fehlende Kommas.**

Sie öffnete die Tür, um ihre Post *entgegenzunehmen*. Ohne die viele Werbung zu beachten öffnete sie hastig den Brief ihres Verlobten. Er bat sie so schnell wie möglich ______________, weil seine Probezeit erfolgreich verlaufen sei. Erst nach einer Stunde hörte sie auf hektisch und ziellos ______________. Sie beschloss zunächst einmal den Müll ______________. Etwas mulmig war ihr schon zumute bei dem Gedanken aus Hamburg ______________. Gleichzeitig gefiel ihr die Vorstellung außerordentlich in den warmen Süden ______________. Als das Telefon läutete, war sie bereits dabei einige Sachen ______________ um sie hastig in ihre Reisetasche zu stopfen. Ihr Verlobter war am Telefon und erzählte ihr, dass er in München auch für sie einen Job gefunden habe …

Grammatik G

Partizip I und II
Das **Partizip I** wird gebildet, indem man ein „d" an den Infinitiv des Verbs anhängt.

Beispiel: Infinitiv: *abnehmen* – Partizip I: *abnehmend*

Das **Partizip II** wird gebildet, indem man „ge" voranstellt und „-en" an den Wortstamm anhängt.

Beispiel: *abgenommen*

In anderen Fällen wird „ge" vorangestellt und „-t" angehängt.

Beispiel: Infinitiv: *abbauen* – Partizip II: *abgebaut*

16 Bilden Sie die Partizip-Formen zu den Infinitiven in der folgenden Tabelle.

Infinitiv	Partizip I	Partizip II
abbauen	*abbauend*	*abgebaut*
aufräumen		
beisammenstehen		
dabeibleiben		
durchbiegen		

17 Setzen Sie Partizip-II-Formen der folgenden Verben in die unten stehenden Sätze A) – D) ein.

Verben: ~~durchbiegen~~ • durchbrechen • hineinfallen • umstürzen • überhandnehmen

A) Die Sparren waren wegen der ungewöhnlich hohen Schneelast auf der Süd-West-Seite des Daches extrem stark *durchgebogen* und zu etwa siebzig Prozent __________.

B) Das hatte dazu geführt, dass die Betondachsteine auf einer Fläche von ca. zehn Quadratmetern in den Dachraum __________ waren.

C) Ein __________ Baum hatte zusätzlich die Regenrinne abgerissen.

D) Diese Art von Schäden habe in den letzten drei Jahren __________, erklärte der Unfallversicherungs-Sachverständige.

Rechtschreibung R

Regel 6: Verben, die mit Adjektiven und Substantiven verbunden sind, werden
a) als Infinitive,
b) als Partizipien und
c) am Ende eines Nebensatzes zusammengeschrieben,
wenn durch die Verbindung eine völlig neue Bedeutung entsteht.

Beispiele: *krankschreiben* (neue Bedeutung: die Arbeitsunfähigkeit schriftlich bestätigen)
teilnehmen (neue Bedeutung: bei etwas dabei sein)

18 Verbinden Sie die zusammengesetzten Verben jeweils durch einen Pfeil mit der zugehörigen Bedeutungsumschreibung.

Bedeutungsumschreibungen	Zusammengesetzte Verben
Mühe verursachen	(sich) kranklachen
sich schonen/einschränken	schwerfallen
sich vor Lachen schütteln → (sich) kranklachen	richtigstellen
einen Irrtum ausräumen	kürzertreten

19 **Formulieren Sie die folgenden Sätze um. Verwenden Sie zusammengesetzte Verben von Aufgabe 18 jeweils im Partizip II.**

A) Ich hatte mich vor Lachen geschüttelt. *Ich hatte mich krankgelacht.*

B) Es hatte sie sehr viel Mühe gekostet. ....

C) Endlich hatte er den Irrtum ausgeräumt. ....

20 **Schreiben Sie die folgenden Verben jeweils in ihrer richtigen Form an das Ende der Nebensätze. Verbinden Sie jeweils den Hauptsatz mit einer der folgenden Konjunktionen.**

Verben im Infinitiv: ~~bankrottgehen~~ • eislaufen • kopfstehen • leidtun • teilnehmen

Konjunktionen: ~~dass~~ • dass • dass • weil • wenn

Hauptsätze	Konjunktionen	Nebensätze
Ich habe Angst,	*dass*	meine Firma *bankrottgeht*.
Ich will,		du an dem Eignungstest
Ich ziehe erst später um,		du sonst wieder vor Stress
Ich will,		du mit mir am Sonntag
Entschuldige dich bitte,		es dir wirklich

21 **Fügen Sie Verb-Verbindungen mit „bleiben" und „lassen" sowie das Verb „kennenlernen" jeweils in der richtigen Form in den Text ein. (Beachten Sie die Beispiele bei Regel 7.)**

„Sie werden alle *sitzenbleiben*, wenn Sie die __________ Arbeiten nicht schnellstens nachholen!" schimpfte der Lehrer, um die Gruppe Schüler anschließend wortlos im Regen __________. Der müsste uns doch inzwischen eigentlich __________ haben, dachten sich die zurechtgewiesenen Schüler und beschlossen, auf eine empörte Gegenrede zunächst zu verzichten. Stattdessen nahmen sie sich vor, ihren Lehrer bei nächster Gelegenheit darauf hinzuweisen, dass er sich kürzlich dafür entschuldigen musste, dass er ihre Deutscharbeit versehentlich unkorrigiert einen Monat lang __________ hatte.

Rechtschreibung R

Regel 7: Verben können nur mit den Verben „bleiben" und „lassen" zusammengeschrieben werden. Auch kann das Verb „kennenlernen" zusammengeschrieben werden.
Das gilt a) für die Infinitive,
b) für die Partizipien und
c) wenn diese Verben am Ende eines Nebensatzes stehen.

Voraussetzung ist, dass diese Verben durch die Zusammenschreibung jeweils eine übertragene Bedeutung erhalten.

Beispiele: *sitzenbleiben* (nicht in die nächste Klassenstufe versetzt werden)
stehenlassen (im Sinne von „sich von jemandem abwenden")
liegenbleiben (im Sinne von „unerledigt bleiben")
kennenlernen (im Sinne von „Erfahrung mit jemandem/etwas machen")

Adjektive

22 **Fügen Sie jeweils zwei der folgenden Adjektive zu mindestens zehn neuen Adjektiven zusammen. Sie können einzelne Adjektive mehrfach verwenden.**

Adjektive:

blau • dreist • dumm • gelb • kalt • nass

rot • sauer • schwül • süß • warm • weiß

Zusammengesetzte Adjektive:

schwülwarm, ...

....

....

....

....

....

....

Rechtschreibung R

Regel 8: Adjektive können mit anderen Wörtern/Wortteilen verbunden werden.
Die Teile des neuen Adjektivs werden immer zusammengeschrieben, wenn

a) die Adjektive gleich gewichtet sind
   Beispiel: *blauweiß* (blau *und* weiß),
b) der erste Teil die Bedeutung des zweiten Teils näher erläutert
   Beispiel: *hellblau* (nicht *dunkel*blau),
c) der erste Teil des Adjektivs auch durch eine Gruppe von Wörtern ausgedrückt werden könnte.
   Beispiel: *tintenblau* (blau *wie* Tinte)

Um Missverständnisse oder Unübersichtlichkeit zu vermeiden, kann es sinnvoll sein, ***Bindestriche*** *zu setzen.*
Beispiel: *wissenschaftlich-technische Ausbildung*

23 **Die folgenden Verbindungen zwischen Adjektiven und anderen Wörtern/Wortteilen sind alle falsch. Ordnen Sie richtig zu, und schreiben Sie die richtigen Verbindungen auf.**

Falsche Verbindungen zwischen Adjektiven und anderen Wörtern/Wortteilen:

brandrot • dunkelneu • extratraurig • grundfarbig • vierstark • todfalsch • gemeinbemittelt • minderfarbig

zweigefährlich • urklimatisiert • vollalt

Richtige Verbindungen:

brandneu, ...

....

....

....

....

24 Schreiben Sie jeweils das zugehörige Adjektiv neben die Wortgruppe. Sie können die folgenden Silben verwenden.

Silben:
atem • bä • be • bend • bens • ~~de~~ • eis • fähr • ~~freu~~ • ge • kalt • le • ~~lend~~ • lich • rau

ren • sam • stark • ~~strah~~ • wer • wirk

Wortgruppe	Adjektiv
vor Freude strahlend	*freudestrahlend*
kalt wie Eis	
den Atem raubend	
stark wie ein Bär	
als Werbung wirksam	
für das Leben gefährlich	

25 Schreiben Sie die fehlenden Zahlen jeweils mit Buchstaben in die Satzlücken.

A) Der ____________ Geburtstag markiert den Beginn der Volljährigkeit.

B) Mit ____________ Jahren darf man den Pkw-Führerschein machen und das Fahrzeug nach bestandener Prüfung ohne Begleitung eines Erwachsenen fahren.

C) In der Regel wird bei Straftaten junger Erwachsener bis zum ____________ Lebensjahr das Jugendstrafrecht angewendet.

D) Alle vier Jahre hat der zweite Monat des Jahres nicht ____________, sondern ____________ Tage.

Rechtschreibung R

Regel 9: Mehrteilige Kardinalzahlen (Grundzahlen) unter einer Million und alle Ordinalzahlen (Ordnungszahlen) werden zusammengeschrieben.

Beispiele für Kardinalzahlen: *vierzehn, zweitausendfünf*

Beispiele für Ordinalzahlen: *der einundzwanzigste Geburtstag, die fünfmillionste Besucherin*

Andere Wortarten

Rechtschreibung R

Regel 10: Mehrteilige Konjunktionen, Adverbien, Pronomen und Präpositionen werden zusammengeschrieben, wenn Herkunft oder Bedeutung ihrer Bestandteile nicht mehr klar erkennbar sind.

Beispiele:
Konjunktionen: *anstatt, inwiefern, solange, sooft, soviel*
Adverbien: *diesmal, einmal, irgendeinmal, keinmal, zweimal, genauso, kopfüber, stromabwärts, normalerweise, probeweise, zuzeiten, zweifelsohne*
Pronomen: *irgendein, irgendetwas, irgendjemand, irgendwas, irgendwer*
Präpositionen: *anhand, anstatt, zufolge, zuliebe*

Beachte:
1. Wenn Bestandteile betont oder erweitert werden können, wird getrennt geschrieben.
Beispiele: *dieses eine Mal (statt „diesmal"), irgend so ein Lausbub (statt irgendein Lausbub); Ich habe so oft/so lange gewartet. Das ist so viel Geld.*
2. In vielen Fällen kann zwischen Zusammen- und Getrenntschreibung frei entschieden werden.
Beispiele: *außerstande / außer Stande sein, zuschulden kommen / zu Schulden kommen lassen, sodass/so dass*

Benutze im Zweifelsfall ein Wörterbuch. Achte darauf, dass es aktuell ist!

26 **Fügen Sie Konjunktionen und Adverbien in den folgenden Text ein. Beachten Sie die Groß- und Kleinschreibung.**

Konjunktionen:
aber • Anstatt • Dennoch • jedoch • ~~Nachdem~~ • sodass/so dass • Solange • sondern

Adverbien:
Diesmal • einmal • Irgendeinmal • Irgendwann • irgendwo • keinmal • nur • Zweimal

___Nachdem___ ich gestern gleich zwei Absagen gleichzeitig bekommen habe, möchte ich bei dieser Bewerbung endlich wieder erfolgreich sein.

Ich habe mich schon so oft beworben, aber ich bin noch ____________ eingeladen worden.

____________ durfte ich ____________ schon an einem Eignungstest teilnehmen.

Leider bin ich anschließend ______ ____________ in die engere Wahl gekommen.

____________ werde ich die Hoffnung nicht aufgeben.

____________ wird es klappen.

____________ zu resignieren, werde ich mir also immer wieder die Zeitung mit den neuen Stellenanzeigen kaufen, ____________ ich sehr gut über freie Stellen informiert bin.

Ich weiß genau: ____________ es Dächer gibt, werden auch Dachdecker gebraucht.

____________ werde ich ____________ nicht wieder so extrem lange warten wie beim letzten Mal, ____________ rechtzeitig anrufen und fragen, ob meine Bewerbung Aussicht auf Erfolg hat. ____________ und ____________ werde ich ganz sicher wieder den Job finden, der zu mir passt.

Abschlusstest

1. Bilden Sie aus den Wochentagen und Tageszeiten alle möglichen zusammengesetzten Substantive.

Wochentage: Montag • Mittwoch • Sonntag

Tageszeiten: Morgen • Vormittag • Mittag • Nachmittag • Abend • Nacht

...

2. Bilden Sie aus den folgenden Substantiven und Verben neun als Substantive gebrauchte Wörter, und schreiben Sie diese jeweils mit dem zugehörigen Artikel auf. Sie können auch die Verben miteinander verbinden.

Substantive: Ski • Wasser

Verben: fahren • gehen • holen • kennen • laufen • lernen • rennen • spazieren • treten

Als Substantive gebrauchte Wörter:

...

3. Zerlegen Sie die folgenden sinnlosen Zusammensetzungen jeweils in ihre zwei Bestandteile, und schreiben Sie anschließend mindestens zehn sinnvolle neue Zusammensetzungen auf. Sie können die Wort-Bestandteile mehrfach verwenden.

Sinnlose Zusammensetzungen:
abklettern • hinaufbleiben • dransitzen • umhersteigen • voransitzen • dranlaufen • zuvorgehen • dazwischensteigen • abbleiben • entzweikommen • zurückbrechen • dranblitzen

Wort-Bestandteile:

...

Sinnvolle Zusammensetzungen:

...

Abschlusstest

4. Schreiben Sie jeweils die Verbformen Partizip I und Partizip II in die Übersicht.

Infinitiv	Partizip I	Partizip II
hinaufsteigen		
vorangehen		
zuvorkommen		
absitzen		

Online-Link
803802-0005

5. Schreiben Sie die folgenden Verben jeweils in ihrer richtigen Form an das Ende der Nebensätze.

Verben: kranklachen • kürzertreten • richtigstellen • sitzenbleiben

A) Ich erwarte, dass du das endlich ____________________.

B) Ich will, dass du nach dieser schweren Krankheit ____________________.

C) Ich habe gesehen, dass du dich ____________________.

D) Bitte arbeite mehr in der Schule. Ich will nicht, dass du ____________________.

6. Ordnen Sie die folgenden Adjektive in die Tabelle ein. Schreiben Sie zusätzlich je ein weiteres eigenes Beispiel in die Tabelle.

Adjektive: gelbgrün • ortskundig • tiefblau • blauweiß • hellrot • freudestrahlend

Beide Adjektive sind in der Zusammensetzung gleich gewichtet.	Der erste Teil erläutert den zweiten Teil des Adjektivs.	Der erste Teil des Adjektivs steht für eine Gruppe von Wörtern.

7. Fügen Sie die Konjunktionen und Adverbien in den unten stehenden Text ein.

Konjunktionen: jedoch • ob • solange • sondern

Adverbien: diesmal • irgendwann • irgendwo

Ich weiß genau: ______________ es in Deutschland Haare gibt, die wachsen, werden auch Friseurinnen gebraucht.

______________________________ werde ich _________________________ nicht so extrem lange warten wie beim letzten Mal, ______________ rechtzeitig die Chefin des Salons „Chez Marguerite“ anrufen und fragen, _______ meine Bewerbung Aussicht auf Erfolg hat.

__________________________________ und ______________________________ werde ich ganz sicher wieder meiner Lieblingsbeschäftigung nachgehen und anderen Leuten die Haare schneiden.

Zahlen

Grundregel: In Buchstaben geschriebene Zahlen schreibt man klein und (unter einer Million) zusammen.

Zahlen und unbestimmte Mengenangaben

1 **Schreiben Sie die Zahlen in Buchstaben.**

A) … Betrag von 18 (______________) EUR dankend erhalten. Die verbleibenden 171 (____) EUR sind am Ende dieses Monats zurückzuzahlen.

B) Laut einer Untersuchung im Juli letzten Jahres unter jungen Menschen im Alter von 13 (____________________) bis 24 (______________________________) Jahren haben 11 (__________) von 100 (______________________) Personen in dieser Altersgruppe im Durchschnitt Schulden in Höhe von 1550 (____) EUR. Von den Jugendlichen im Alter von 13 (____________________) bis 17 (______________________) Jahren haben immerhin schon 6 (_______________) Prozent einen Schuldenberg von 370 (____) EUR aufgetürmt. Nicht verwunderlich ist, dass die Verschuldung bei jungen Menschen im Alter von 21 (____) bis 24 (________________________________) Jahren beträchtlich höher liegt: So haben 16 (______________________) Prozent in dieser Altersgruppe schon 2170 (____) EUR Schulden.

2 **Setzen Sie passende Zahladjektive (unbestimmte Mengenangaben) im richtigen Fall ein.**

A) Für ______________ ist es kein Problem, Schulden zu haben.

B) Es gibt aber auch __________, die mit ______________ zufrieden sind.

C) Nun, __________ achten _________ zu _________ auf Marken und wollen mit ihrer Kleidung Prestige erlangen.

D) Durch eine Schuldenberatung ließe sich so ______________ vermeiden.

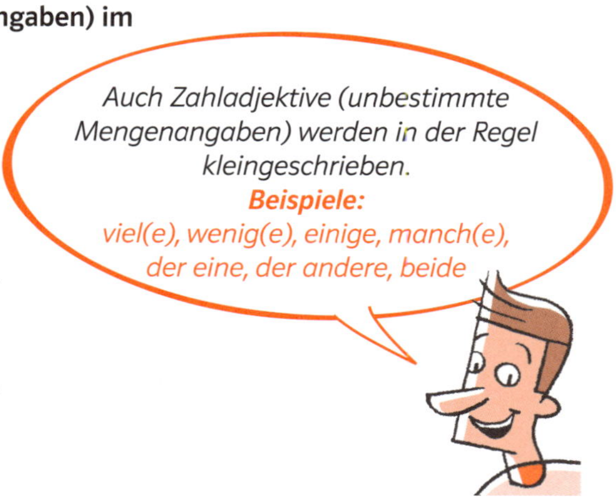

E) Tatsächlich sind heute ________ Telefonrechnungen um __________ höher als noch vor ________ Jahren.

F) Dem __________ macht es nichts aus, __________ Schulden zu haben, den ____________ lassen die ____________ Schulden nicht mehr schlafen.

3 **Setzen Sie die richtige Endung ein.**

A) Trotz (Genitiv) viel____ Schulden

B) Mit (Dativ) viel____ Schulden

C) Wegen der viel____ Schulden

D) Für einig____ spielt das Auto eine große Rolle.

E) Beim Ausgehen kann man einig____ einsparen.

F) Mit dem wenig____ Geld sind keine großen Sprünge möglich.

G) Manch____ sind mit wenig____ zufrieden.

Grammatik G

Endungen unbestimmter Zahlwörter (Mehrzahl)

Fälle	Fragen	Beispiele	
Nominativ	wer?/was?	viele Schulden	die viel**en** Schulden
Genitiv	wessen?	viel**er** Schulden	der viel**en** Schulden
Dativ	wem?	viel**en** Schulden	den viel**en** Schulden
Akkusativ	wen?	viele Schulden	die viel**en** Schulden

Zahlen und der Bindestrich

Rechtschreibung R

Regel 1: In Zusammensetzungen mit Ziffern steht ein Bindestrich.

Beispiele: *100-prozentig, 4-mal, 17-jährig*

Rechtschreibung R

Regel 2: Zahlen und Adjektive, die wie Substantive gebraucht werden, schreibt man groß.

Beispiele: *die 17-Jährige (Siebzehnjährige),*
das 8-Fache (Achtfache),
ein Viertel der Berufstätigen,
jeder Zweite

4 **a) Schreiben Sie die markierten Wörter neu, wobei Sie die Zahlenangaben in Ziffern schreiben.**

In einer Repräsentativbefragung von 1500 vierzehn- bis sechzigjährigen (______________________) Berufstätigen in Deutschland im Jahre 2004 wurde die Einstellung zur Arbeitswelt untersucht. Dass Arbeit Spaß machen soll, wurde dabei dreimal (______________) so hoch bewertet wie das Ziel, Geld zu verdienen. Frauen allein bewerten dieses Ziel sogar neunfach (________________) so hoch. Eigene Ziele im Beruf zu verwirklichen wurde in der Werteskala der Männer zweifach (________________) so hoch angesiedelt wie das Bestreben, in Führungspositionen tätig zu sein. Bei den zwanzig- bis dreißigjährigen (__________________________) Männern ist der Unterschied sogar dreifach (______________________) so hoch. Hundertprozentig (__________________________) zufrieden sind Berufstätige, wenn alle Faktoren in gleicher Weise gegeben sind.

b) Schreiben Sie die Zahlen in Worten.

Im Beruf anerkannt zu werden spielt bei 2/5 (______________________) der Befragten eine große Rolle. Nur jede 14. (__________________________) unter den Frauen strebt an, viel Geld zu verdienen und in Führungspositionen tätig zu sein, bei Männern ist es jeder 6. (____________________). Für die 30- bis 60-Jährigen (____) ist es bedeutsamer, eine berufliche Tätigkeit mit hohem Ansehen auszuüben als für die unter 30-Jährigen (__________________________).

5 **Vervollständigen Sie die Sätze, in denen Sie wiedergeben, was wie vielen von je 100 befragten Berufstätigen in ihrem Beruf wichtig ist. Schreiben Sie die Altersangaben in Ziffern, die übrigen Zahlenangaben in Buchstaben.**

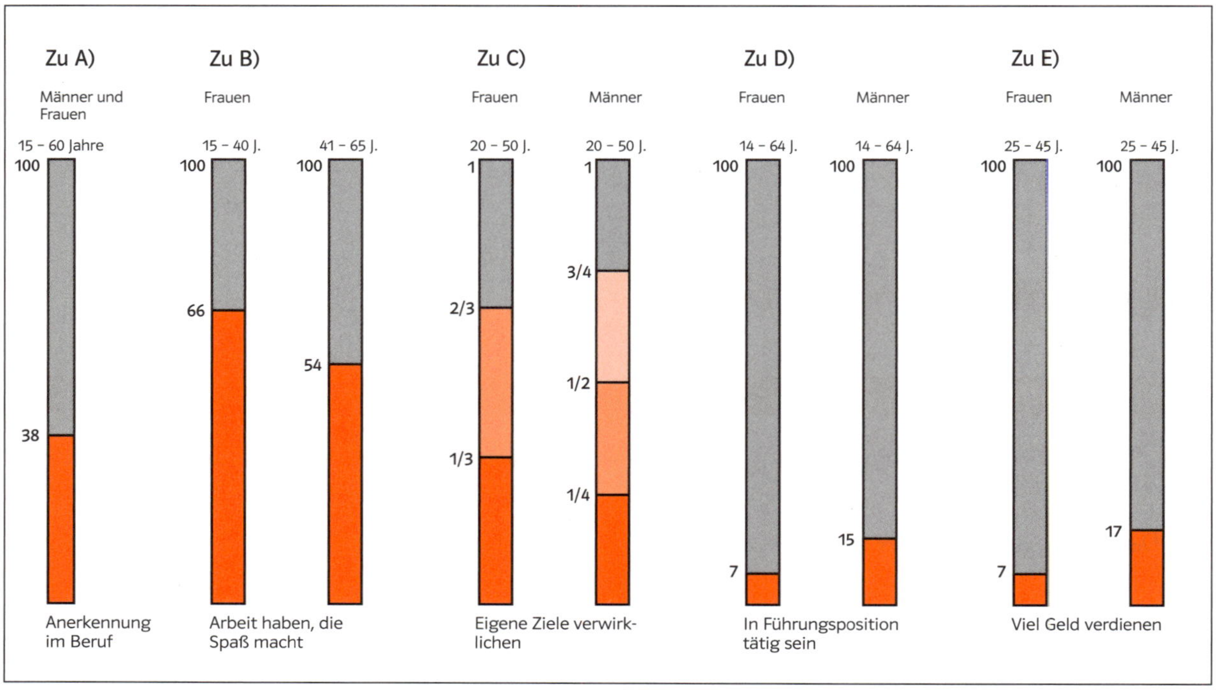

A) Von ______*einhundert*______ befragten Männern und Frauen im Alter von 15 bis 60 Jahren ________________________________, dass sie im Beruf anerkannt werden wollten.

B) Unter den ______________________ Frauen sind es ______________________, denen die Arbeit ______________, während unter den ________________________ nur ______________________ ________________________.

C) Bei den ______________________________ gaben ____________________ der Frauen, aber nur ______________________ der Männer an, dass sie ____ ______________________.

D) In Führungspositionen wollten unter den ____ __________________________.

E) Von den ____ __________________________.

Abschlusstest

1. Schreiben Sie die Zahlen in Buchstaben.

A) 17 (________________) EUR

B) 1947 (____) EUR

C) 2400 000 (____) Fernsehzuschauer

D) 1310 503 (____) Dollar

2. Schreiben Sie die durchgestrichenen Wörter in normaler Schrift, und verwenden Sie die korrekten Endungen.

Online-Link 803802-0006

A) Der Rechnungsbetrag überstieg den Kostenvoranschlag um ~~EINIGE~~ ________________.

B) Für ~~MANCHEM~~ ________________ sind hohe Schulden sehr belastend, für ~~ANDEREN~~ ________________ spielen sie kaum eine Rolle.

C) Mit ~~WENIGE~~ ________________ lässt sich manchmal ~~VIELE~~ ____________ erreichen.

D) Die ~~WENIGEM~~ ________________, die das wissen, stellen sich darauf ein.

E) Die ~~EINE~~ ____________ vermeiden alles, um nicht in die Schuldenfalle zu tappen, die ~~ANDERE~~ ______________ bemerken gar nicht, dass sie sich schon darin befinden.

3. Schreiben Sie die Ausdrücke neu, wobei Sie die Zahlenangaben in Ziffern schreiben.

A) Die neunzehn- bis dreißigjährigen Frauen

....

B) Die Zehn- bis Zwölfjährigen

....

C) Das wird viermal so stark bewertet.

....

D) Es wird dreifach gewertet.

....

E) Dieser Teil hat das vierfache Gewicht.

....

F) Eine zwei- bis dreiprozentige Erhöhung

....

G) Die Vierzehnjährigen, später auch die Sechzehnjährigen

....

4. Schreiben Sie die Zahlen in Worten.

A) 3/4 der befragten Männer ....

B) Das sind 3/5 aller berufstätigen Frauen. ....

C) Jeder 4. erreichte diese Ziele. ....

D) Jeder 13. Jugendliche ....

E) Etwa 2/3 der Befragten ....

Fremdwörter

Grundregel: Fremdwörter schreibt man so, dass jedem Laut ein bestimmter Buchstabe entspricht.

Fremdwörter – normale Lautschreibung

1 **Ordnen Sie die Silben, sodass ein sinnvolles Wort entsteht. Notieren Sie die Substantive und schreiben Sie sie mit großen Anfangsbuchstaben.**

A) prädentsi ....
B) didatkan ....
C) likertipo ....
D) syzistealsome ....
E) schinema ....
F) konrenzfe ....
G) zidisplin ....
H) quenzsekon ....

2 **Wählen Sie das Wort, das zur jeweiligen Definition passt, und schreiben Sie es vor die Erklärung.**

Koordination • Konsens • Delegation • Republik • solidarisch • konservativ • Koalition

A) .... am Hergebrachten festhaltend
B) .... gemeinsam, eng verbunden
C) .... Vereinigung, Bündnis
D) .... Abstimmung der Handlung aufeinander
E) .... Übereinstimmung der Meinungen
F) .... Abordnung
G) .... Staat, dessen Oberhaupt kein einzelner Herrscher ist

3 **Markieren Sie das Wort, das thematisch jeweils nicht in die Gruppe der vier Wörter passt.**

A)	international	Globus
	Ministerium	Alkohol

B)	Alternative	Vitamin
	Kontakt	Basis

C)	Stadium	Organisation
	Margarine	Projekt

4 **Vervollständigen Sie die Silben zu einem Wort, das sinnvoll in den Satz passt.**

A) Ein gewisses Ri________ geht man immer ein, wenn man in diese Kri______________ geht, denn die Kon__________ zwischen den verfeindeten Volksgruppen flammen immer wieder auf.

B) Der Preis für Tex____________ ist im letzten Monat dras__________ gefallen, während der Preis für Ben_________ immer noch re__________ hoch ist.

C) In einer ersten Re____________ auf den Wahlsieg seines Kon_________________ gab er sich gelassen und zog eine po____________ Bilanz seiner bisherigen Regierungstätigkeit.

D) Aufgrund der Kri________ im Nachbarland sagte der Regierungschef alle Ter_____________ am heutigen Nachmittag ab.

5 **a) Markieren Sie sechs Substantive und drei Adjektive (waagerecht und diagonal) in dem Buchstabenkasten.**

K	R	I	S	E	L	K	B	R	M	N	K	L	P	F
Q	G	E	W	E	B	E	X	R	P	W	B	R	Ü	C
V	S	C	D	C	F	P	O	L	I	T	I	S	C	H
E	Z	N	F	M	A	F	H	I	L	F	E	X	Z	O
T	A	P	E	T	E	T	W	L	K	C	P	O	J	N
W	T	Ä	Z	R	P	S	C	H	W	A	C	H	D	L
V	F	I	M	R	B	E	S	T	I	M	M	E	N	D

b) Bilden Sie mit dem Wort „Struktur" und den gefundenen Wörtern ein zusammengesetztes Wort. Schreiben Sie die Substantive groß, die Adjektive klein.

....

....

....

6 **Markieren Sie das Wort, das dem ersten in der Reihe am ähnlichsten ist.**

A) Initiative — Anstoß, Meeting, Bürgerbegehren, Ablehnung

B) Reparationen — Abfindungen, Kriegsentschädigungen, Steuern, Abgaben

C) Karikatur — Reportage, Witz, Comic, kritische Darstellung

D) bilateral — zwiespältig, zweiseitig, zweisprachig, zweigeschlechtig

E) Identität — Personalausweis, Erkenntnis, Gleichnis, völlige Gleichheit

7 **Wählen Sie einen Begriff aus, mit dem Sie den Satz sinnvoll ergänzen.**

A) Es war bezeichnend für ihn, dass er auf die Meinung anderer keinen Wert legte und sich eher ______________ gebärdete.

anarchistisch, demokratisch, liberal, diktatorisch

B) Ein Staatssekretär, der seine Ministerin ständig öffentlich kritisiert, verhält sich nicht ____________.

mobil, negativ, loyal, politisch

C) Die Zusammensetzung des Parlaments ____________________ nicht die Zusammensetzung der Bevölkerung.

repräsentiert, reagiert, produziert, präsentiert

D) In dieser _________________________ wird das jetzt diskutierte Gesetz nicht mehr verabschiedet.

Schlechtwetterperiode, Legislaturperiode, Konjunkturphase, Kandidatur

8 **a) Schreiben Sie 10 Wörter von den Seiten 64–66 auf, deren Schreibung Sie sich unbedingt einprägen möchten.**
b) Schneiden Sie aus einer Zeitung die Wörter aus, deren Schreibung Sie auf den Seiten 64–66 geübt haben. Kleben Sie sie geordnet auf ein Blatt Papier.

9 **a) Ordnen Sie die Erklärungen in der ersten Spalte jeweils einem Wort in der zweiten Spalte zu.**
b) Notieren Sie zu den Substantiven die entsprechenden Adjektive in der dritten Spalte.

1 Ergiebigkeit	A) Defizit	*defizitär*
2 Geldentwertung	B) Produktivität	
3 Schraubenförmige Linie	C) Automatismus	
4 Recht auf Alleinhandel	D) Inflation	
5 Fehlbetrag	E) Spirale	
6 Sich selbst steuernder Ablauf	F) Monopol	

10 **Bilden Sie mit den Wörtern**
Explosion, Lawine, Analyse, Minimierung, Reduktion
jeweils ein zusammengesetztes Substantiv mit „Kosten".
Fügen Sie dem neuen Wort ein Bild, ein Symbol oder eine Skizze hinzu.

....

Kostenexplosion..............................

....

Kosten

....

....

11 **Schreiben Sie die unterstrichenen Wörter aus Zeitungsüberschriften unter den Textabschnitt, in dem sich eine Erklärung des jeweiligen Wortes finden lässt. Notieren Sie die Erklärung hinter dem geschriebenen Wort.**

A) Prognosen weisen einheitliches Profil auf

Alle Vorhersagen der führenden Wirtschaftsinstitute gehen von einer Steigerung der Wachstumsrate im nächsten Jahr aus, die Eckdaten der wirtschaftlichen Entwicklung sind bei allen Instituten fast gleich.

Beispiel:

Prognosen .... *Vorhersagen* ....

B) Intensive Expansion der Handelsbeziehungen gewünscht

In einem Gespräch unter vier Augen sprachen sich beide Politiker für eine starke Ausweitung der Handelsbeziehungen zwischen beiden Ländern aus.

C) Weltkonjunktur durch Investitionen und Konsum angeheizt

Nach Einschätzung führender Wirtschaftswissenschaftler wird die weltwirtschaftliche Gesamtlage dadurch sehr günstig beeinflusst, dass wieder mehr Kapital in den Unternehmen angelegt wird und der private Verbrauch steigt.

D) Abbau der Arbeitslosigkeit hat Priorität gegenüber Abbau des Haushaltsdefizits

Die Bundesregierung legt mehr Wert darauf, die Arbeitslosigkeit zu verringern als die Haushaltsschulden abzubauen.

12 **Lösen Sie dieses Buchstabenrätsel. Der erste Buchstabe der Wörter von 1 bis 10 ergibt das Lösungswort (Bedeutung: zusammenpassend, kombinierbar).**

1 mit sehr hohen Kosten verbunden	1 kostenin_ _ _ _ _ _
2 zuversichtlich sein	2 _ p _ _ _ _ _ _ _ _ _ _
3 Abwandlung eines bestimmten Modelltyps	3 M _ _ _fikation
4 Erstrecht, Vorrang	4 _ ri_ _ _ _ät
5 Anteilschein	5 A _ _ _ _
6 Gewinnbeteiligung	6 T _ _ tieme
7 Zahlungsunfähigkeit	7 _ _ solv_ _ _
8 Rufe einer Person oder Firma in Bezug auf ihre Zahlungsfähigkeit	8 B _ _ ität
9 Ausfuhr	9 _ _ _ _ _ _
10 schwankend, unsicher	10 _ _bil

Lösungswort: _ _ _ _ _ _ _ _ _ _

Fremdwörter auf -ieren

13 **Bilden Sie Verben auf -ieren.**

A) Information *informieren*
B) Funktion ....
C) Operation ....
D) Revolution ....
E) Diktatur ....
F) Propaganda ....
G) Kommentar ....
H) Interesse ....
I) Kontrolle ....
J) Reaktion ....
K) Reduktion ....

Rechtschreibung R

Regel 1: Fremdwörter auf -ieren werden immer mit ie geschrieben. Das gilt auch für Substantive, die mit -ierung enden.

Beispiel: *regieren, Regierung*

14 **Formulieren Sie die Sätze so um, dass Sie anstatt der unterstrichenen Substantive Verben auf -ieren verwenden.**

A) Darauf müssen wir dringend eine Reaktion zeigen.

....

B) Das sollten wir noch einmal zur Diskussion stellen.

....

C) Er kann erst in Aktion treten, wenn er genaue Unterlagen hat.

....

D) Mit solchen Maßnahmen kann sie kein Profil gewinnen.

....

E) Auf diesem Gebiet muss unser Land mit vielen anderen Nationen in Konkurrenz treten.

....

F) Seit Jahren schon führen sie eine Reform der Sozialsysteme durch.

....

15 **Entscheiden Sie, welche Formulierung Ihnen besser gefällt. Begründen Sie in Stichworten, was Sie im jeweiligen Fall ankreuzen.**

A) ❑ Die Menschen müssen eine Orientierung haben.
❑ Die Menschen müssen etwas haben, woran sie sich orientieren können.

....

B) ❑ Jeder kann gegen diese Pläne eine Demonstration durchführen.
❑ Jeder kann gegen diese Pläne demonstrieren.

....

C) ❑ Langsam sollten wir in die Phase der Realisation dieses Vorhabens einsteigen.
❑ Langsam sollten wir dieses Vorhaben realisieren.

....

D) ❑ Sie brachten ihre Solidarität mit der Not leidenden Bevölkerung zum Ausdruck.
❑ Sie solidarisierten sich mit der Not leidenden Bevölkerung.

....

E) ❑ Hiervon sollten wir ein Protokoll anfertigen.
❑ Das sollten wir protokollieren.

....

F) ❑ Die Termine für die öffentlichen Veranstaltungen zu diesem Thema liegen schon fest.
❑ Die öffentlichen Veranstaltungen zu diesem Thema sind schon terminiert.

....

G) ❑ Man war von ihr gewohnt, dass sie fair Kritik übte.
❑ Man war von ihr gewohnt, dass sie fair kritisierte.

....

H) ❑ Wir müssen mehr Demokratie wagen.
❑ Wir müssen es wagen, mehr zu demokratisieren.

....

16 **Bilden Sie aus den Adjektiven *liberal, stabil, privat, finanziell* Verben auf -ieren und Substantive auf -ierung, und setzen Sie diese passend in die Sätze ein.**

A) Viele Repräsentanten der Wirtschaft sprachen sich dafür aus, den Welthandel weiter zu ____________, denn durch eine größere ____________ könnten auch viele Importbeschränkungen für die Länder der Dritten Welt aufgehoben werden.

B) Schwankungen sind schädlich für unsere Wirtschaft, deshalb ist die ____________ der Währung ein wichtiges Ziel, es genügt aber nicht, nur die Währung zu ____________.

C) Es spricht einiges dafür, die Betriebe in Staatsbesitz zu ____________, aber ____________ ist kein Mittel, um Haushaltslöcher zu stopfen.

D) Solange die ____________ dieses Projekts nicht geklärt ist, wird man sich auch nicht überlegen müssen, wie man die Infrastrukturmaßnahmen ____________.

17 **a) Überlegen Sie, welches deutsche Wort zum jeweiligen Satz (siehe A) bis E)) passen würde.**

veröffentlichen • verschmelzen • verstärken • stehen bleiben • sich aussprechen (für)

b) Ordnen Sie den Wörtern eines der folgenden Fremdwörter zu, und schreiben Sie es in der Zeitform des Präteritums in der richtigen Form in die Lücken ein.

intensivieren • fusionieren • stagnieren • plädieren • publizieren

A) Gestern wurden die neuesten Zahlen ____________________.

B) Sehr eindringlich ____________________ sie für die Abschaffung der Gebühren.

C) Schon vor zwei Jahren ____________________ sie mit einem Unternehmen aus Ostdeutschland.

D) Der Umsatz ____________________ mehrere Monate.

E) Die neue Vorsitzende ____________________ die wirtschaftlichen Kontakte in den letzten Jahren.

18 **a) Setzen Sie die passenden Wörter aus dem Kasten am Rand ein.**

A) Im Wirtschaftsministerium ____________________ bereits Befürchtungen, dass das ____________________ sechs ____________________ erreichen werde.

B) Schon für das zweite ____________________ wurden die Zahlen ____________________, um den ____________________ einzuhalten, nur so konnte sich das Land überhaupt für den Beitritt ____________________.

C) Durch eine ____________________ des Energiesektors, spürbare ____________________ und ____________________ führender ____________________ hofft man aber, die ____________________ zu ____________________.

Bilanz
Defizit
Deregulierung
Institutionen
korrigiert
optimistisch
positive
Prognosen
Prozent
qualifizieren
Quartal
Stabilitätspakt
Wachstumsimpulse
zirkulieren

b) Schreiben Sie die eingesetzten Wörter auf ein gesondertes Blatt, und versehen Sie möglichst alle Wörter mit einem Symbol oder einer Zeichnung, um die Bedeutung des jeweiligen Wortes zu unterstreichen.

Fremdwörter – typische Endungen

19 **Bilden Sie Substantive auf -tion, indem Sie die angegebenen Wortanfänge ergänzen.**

A) Info____________

B) Organ____________

C) Gene____________

D) Oppo____________

E) Na____________

F) Insti____________

G) Demo____________

H) Koal____________

I) Frak____________

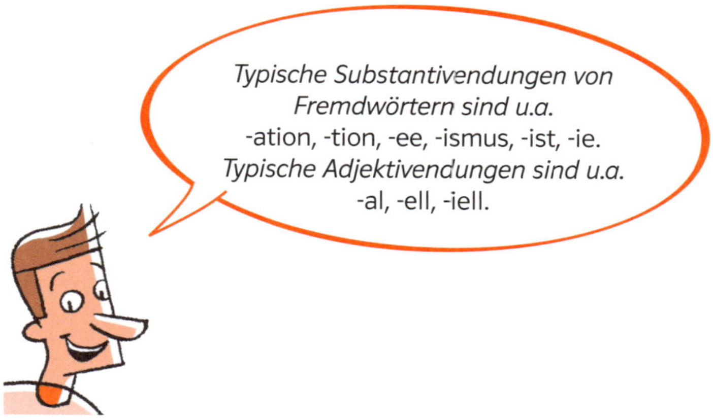

20 **Wandeln Sie die Substantive in Adjektive um, die auf -ell oder -iell enden, und schreiben Sie sie mit kleinen Anfangsbuchstaben.**

A) Funktion ....
B) Finanzen ....
C) Industrie ....
D) Aktualität ....
E) Struktur ....
F) Form ....

Rechtschreibung R

Regel 2: Der Laut *ts* vor *i* + Vokal wird *t* geschrieben.

Beispiel: *Konzentration*

21 **Notieren Sie zu den Adjektiven und dem Verb die entsprechenden Substantive, die mit einem lang gesprochenen i enden, und schreiben Sie sie mit einem großen Anfangsbuchstaben.**

A) demokratisch ....
B) strategisch ....
C) garantieren ....
D) energisch ....

Rechtschreibung R

Regel 3: Wie bei den Fremdwörtern auf *-ieren* wird das lang gesprochene *i* am Wortende *ie* geschrieben.

Beispiel: *Batterie*

22 **Ersetzen Sie die unterstrichenen Wörter durch Substantive und Adjektive mit den angegebenen Endungen.**

A) Der Ausschuss (Das K __ __ __ __ ee) tagte zweimal.
B) Mit neuen Vorstellungen (__ __ ee __) wollen sie den Markt erobern.
C) Eine förmliche (o __ __ __ __ iell __) Ernennung gab es nicht.
D) Hierzu benötigte man eine besondere (__ __ __ __ iell __) Anfertigung.
E) An diesen Tagen gilt ein allgemeines (__ __ __ __ __ ell __ __) Fahrverbot.
F) Er war schon immer eine absoluter Kriegsgegner (__ __ __ __ __ ist).
G) Das ist eine einfältige (b __ __ al __) Aussage.

Fremdwörter – Pluralbildungen

23 **a) Ergänzen Sie die Pluralendungen.**

A) In verschiedenen Stadi____ der Verhandlung war eine Einigung möglich.

B) Zwei Komitee__ beschäftigten sich mit diesen Them____.

C) Die steigenden Export__ werden sich positiv auf das Steueraufkommen auswirken, denn allein in den letzten beiden Quartal____ sind mehr Auto__ ins Ausland verkauft worden als im gesamten letzten Jahr.

D) Die Mechanism____ der Marktwirtschaft sind hier deutlich spürbar.

E) Bei dieser Bürgschaft sind die Risik____ überschaubar.

F) In den westlichen Demokratie__ werden in einem solchen Fall unterschiedliche Strategie__ angewandt.

G) In allen Lexik________________ der politischen Wissenschaft kann man das nachlesen.

H) Das gehört inzwischen zu den Standard__ bei der Krisenbewältigung.

I) Die Lobbyist____ haben sich durchgesetzt.

J) Diese Diskussion____ wurden schon in vielen Grem____ geführt.

Rechtschreibung R

Regel 4: Der Plural von Fremdwörtern wird häufig durch *-e* oder *-(e)n* am Ende des Wortes gebildet.

Beispiele:

Singular	**Plural**
Zitat	*Zitate*
Information	*Informationen*
Kolonie	*Kolonien*
Thema	*Themen*
Zentrum	*Zentren*

Manchmal wird zur Pluralbildung nur ein *s* angehängt.

Beispiel:

Singular	**Plural**
Hobby	*Hobbys*

In wenigen Fällen wird die Pluralbildung der Herkunftssprache beibehalten.

Beispiel:

Singular	**Plural**
Antibiotikum	*Antibiotika*

b) Notieren Sie jeweils den Singular der Wörter, die Sie im Plural geschrieben haben.

A) .... F) ....

B) .... G) ....

C) .... H) ....

D) .... I) ....

E) .... J) ....

Fremdwörter – typische Wortanfänge

24 **Notieren Sie, was bei den markierten Wörtern gemeint sein könnte.**

A) Ich würde ihm gerne mal **Kontra** geben.

....

B) Das ist **super**.

....

C) Das sind vier Euro **pro** Stück.

....

D) Der ist doch **mega**cool.

....

E) Sie ist eine strikte **Anti**alkoholikerin.

....

Die Kenntnis der Bedeutung mancher Wortanfänge in Fremdwörtern erleichtert nicht nur das Verständnis des Wortes, sondern auch die Schreibung.

Beispiele:

Wortanfang	Bedeutung
a-	nicht, un-
ad-	(hin)zu
de-	ab, weg, ent-
dis-	auseinander, nicht
inter-	zwischen, inmitten
kon-/con-	mit, zusammen
ob-	entgegen
re-	zurück, gegen, wieder
syn-	zusammen

25 **a) Erklären Sie die Wörter.**

A) Demontage ....

B) deregulieren ....

C) denaturieren ....

b) Schreiben Sie diese Wörter hinter die entsprechende Definition.

denunzieren • Deportation • desolat • Detonation • Dezentralisierung • dezimieren • Deponie

A) Explosion, Knall ....

B) Müllabladeplatz ....

C) stark vermindern ....

D) aus niedrigen Beweggründen jemanden als negativ darstellen ....

E) trostlos ....

F) Auseinanderlegung von Verwaltungen ....

G) zwangsweise Verschickung ....

26 **a) Entscheiden Sie, welches Fremdwort im jeweiligen Fall korrekt ist. Streichen Sie das falsche Wort durch.**

A) Daraufhin erhielt er zahlreiche anonyme / synonyme Drohbriefe.

B) Viele litten unter dem Schock und wirkten apathisch / sympathisch.

C) Die designierte / resignierte Präsidentin trat heute Morgen ihr Amt an.

D) Sie dankte ihm für die destruktive / konstruktive Zusammenarbeit.

E) Er wollte alle Details offenlegen und auch diskrete / konkrete Zahlen nennen.

b) Vervollständigen Sie den Satz mit dem korrekten Fremdwort aus Aufgabe a).

A) Sie war bekannt für ihre kritische Haltung in vielen Fragen, ihre Kritik war aber immer ________________.

B) Er will nicht genannt werden, sondern ________________ bleiben.

C) Die Diskussionen ziehen sich jetzt schon über Wochen hin, die Menschen wollen, dass jetzt endlich ______ ____________ Maßnahmen ergriffen werden.

D) Wortlos und ________________ verließ sie den Unglücksort.

E) Diese Stelle wird zwar erst in drei Monaten zu besetzen sein, aber Frau X ist bereits als Nachfolgerin des Amtsleiters ________________.

27 **Entscheiden Sie, welcher Wortanfang korrekt ist, und notieren Sie dann das richtige Wort.**

A) Dis- / Dik- + kriminierung ....

B) dip- / dis- + ponieren ....

C) Dis- / Dif- + ferenz ....

D) Kok- / Kon- + kurrenz ....

E) Kon- / Kol- + legen ....

F) Kon- / Kor- + respondent ....

G) Kon- / Kof- + flikt ....

H) Kon- / Kom- + mentar ....

I) Syn- / Sym- + metrie ....

J) Syn- / Sym- + bol ....

K) Syn- / Sym- + ergie ....

L) ob- / os- + servieren ....

M) Op- / Ob- + position ....

N) ex- / ek- + klusiv ....

O) ex- / ef- + fektiv ....

P) ad- / am- + ministrativ ....

Q) Ad- / As- + sistent ....

28 Suchen Sie in einem Wörterbuch jeweils 10 Wörter, die Sie schon einmal gehört haben und die mit mono-, auto-, inter- beginnen. Achten Sie auf die Groß- und Kleinschreibung. Ordnen Sie die Wörter übersichtlich an und notieren Sie auch deren Bedeutung.

Fremdwörter – besondere Lautschreibung

29 Setzen Sie hinter die Wörter in Klammern Adjektive ein, die dem angegebenen Substantiv entsprechen, z.B. Philosophie → philosophisch.

Rechtschreibung R

Regel 5: Entgegen der normalen Lautschreibung wird in Fremdwörtern manchmal u.a.
f gesprochen → *ph* geschrieben
Ausnahme:
Wörter mit *-graph-*, *-phon-*, *-phot-* auch mit *f*

t gesprochen → *th* geschrieben
i oder *ü* gesprochen → *y* geschrieben.

A) Phänomen → Naturereignis, seltenes Ereignis
Das war eine (erstaunliche) ________________ Steigerung gegenüber dem Vorjahr.

B) Pharmazeut → Arzneimittelkundiger
In der (Arzneimittel herstellenden) ________________ Industrie ist das üblich.

C) Phase → Abschnitt einer Entwicklung
(In einigen Abschnitten) ________________ war der Ertrag sehr positiv.

D) Physis → Körperliche Beschaffenheit, Körper
Bei dieser Tätigkeit kommt es zu großen (körperlichen) ________________ Belastungen.

E) Katastrophe → Unglück großen Ausmaßes
Journalisten berichteten von (unheilvollen) ________________ Verhältnissen.

30 „Therm“ bedeutet Wärme. Erklären Sie, was mit den folgenden Wörtern gemeint sein könnte.

A) Thermalquelle ....
B) Thermohose ....
C) Abfall thermisch behandeln ....
D) Thermometer ....
E) Thermostat ....

31 **Bilden Sie aus diesen Buchstaben Fremdwörter und ergänzen Sie die Lücken. Sie können die Buchstaben mehrfach verwenden.**

a • b • e • g • h • i • k • l • n • o • p • r • s • t • u • y • z

						H)										
A) Untersuchung	x	x	x	A							x	x	x	x	x	x
B) Wahrzeichen, Sinnbild	x	x	x	x	x					O	L	x	x	x	x	x
C) übergenau, mehr als richtig	x	x	x	x									R	E	K	T
D) Kreislauf	x	x					U	S	x	x	x	x	x	x	x	x
E) Gerät zur Abgasreinigung	x	x	K											x	x	x
F) Gesundheitspflege		Y						x	x	x	x	x	x	x	x	x
G) Kunststoff zur Wärmedämmung	x	x	x	x						P	O		x	x	x	x

H) Bewerber um die Aufnahme in einem Zufluchtsort (senkrecht)

Fremdwörter – (fast) wie in der fremden Sprache geschrieben

32 **In dem folgenden Text sind die Fremdwörter vertauscht. Schreiben Sie sie an die richtige Stelle.**

A) Sie saßen sicherlich schon einmal in einem Computer __________, haben gemütlich ein Stück Kuchen gegessen und einen Cousin __________ getrunken.

B) Vermutlich haben Sie auch einen Fotoapparat ____________ zu Hause und besitzen einen Kaffee ____________ und mit ihrem Café __________ haben Sie wahrscheinlich auch schon einmal geplaudert.

33 **Lesen Sie die folgenden Wörter laut. Erkundigen Sie sich, wenn Sie nicht wissen, wie man ein Wort ausspricht.**

Aus dem Englischen:
Aids
Check-in
Design
Homebanking
Homepage
Internet
Interview
Know-how
Standard
stylen

Aus dem Französischen:
Branche
Chance
Chef
Chiffre
Engagement
Ingenieur
Niveau
Orange
Saison
Detail

Manche Fremdwörter haben sich gegenüber der Herkunftssprache kaum oder gar nicht verändert.
***Beispiele:** Management, Tour, Charakter*
Man muss sich die Schreibung einfach merken.

34 **Notieren Sie zu den Definitionen das passende Fremdwort. Wählen Sie dazu die geeigneten Silben aus. Schreiben Sie die Substantive mit großen Anfangsbuchstaben.**

ban • bran • ce • chan • che • chef • chiff • de • de • en • ga • ge
home • how • king • know • ment • ni • re • sai • sign • son • tail • veau

A) Geschäftszweig, Fachgebiet ....
B) Muster, Gestalt ....
C) Leiter ....
D) Persönlicher Einsatz ....
E) Wissen, wie man eine Sache verwirklicht oder anwendet ....
F) Günstige Gelegenheit ....
G) Bildungsstand, Rang ....
H) Abwicklung von Bankgeschäften mithilfe des Computers von der Wohnung aus ....
I) Ziffer, Kennwort ....
J) Hauptgeschäftszeit ....
K) Einzelheit ....

35 **Erklären Sie die markierten Wörter.**

A) Bei dieser Arbeit sind **detaillierte** Kenntnisse erforderlich. ....
B) Das ist eine rein **saisonale** Arbeit, die in der übrigen Zeit nur wenig einbringt. ....
C) Der **engagierte** Einsatz der Helferinnen konnte Schlimmeres verhindern. ....
D) Das ist sicherlich ein **chancenreicher** Versuch. ....
E) Die Sender wollen in der Zukunft eine **niveauvollere** Unterhaltung anbieten. ....
F) Für die Ausstellung wird man ein neues Sortiment **designen**. ....
G) Das sind **standardisierte** Größen. ....

36 **Bilden Sie ein zusammengesetztes Wort aus „Interessen" und einem der sechs angegebenen Wörter, deren Vorsilben erst richtig zugeordnet werden müssen.**

ausbiet • **kon**band • **ge**gleich • **ver**meinschaft • **ver**flikt • **ge**tretung

A) *Interessen*.......... D) ....
B) .... E) ....
C) .... F) ....

Abschlusstest

1. Setzen Sie die richtigen Buchstaben ein.

A) **e / a** Kam__rad, sep__rat, Rep__ratur, Temp__ratur

B) **d / t** Standar__, Ren__ite, E__age, rigi__e

C) **f / v** konstrukti__, __iktiv, relati__, __unktional

D) **ö / e** pers__nlich, diskr__t, bravour__s, skandal__s

F) **ä / e** humanit__r, prek__r, Transf__r, insolv__nt

G) **s / z** Konferen__, Konsen__, Abstinen__, Tran__aktion

H) **p / b** Re__ublik, Re__räsentant, Inku__ationszeit, __riorität

2. Bilden Sie Substantive mit demselben Wortstamm wie im vorgegebenen Wort.

A) maschinell ....

B) identisch ....

C) intelligent ....

D) interessant ....

E) diszipliniert ....

F) konsequent ....

G) initiieren ....

H) alternativ ....

I) periodisch ....

J) defizitär ....

K) prognostizieren ....

L) expandieren ....

M) reduzieren ....

N) intensiv ....

3. Bilden Sie Adjektive, in denen Sie denselben Wortstamm verwenden wie im vorgegebenen Wort.

A) Flexibilität ....

B) Krise ....

C) Temperament ....

D) Finanzen ....

E) Inflation ....

F) Produktivität ....

G) Turbulenz ....

H) Risiko ....

I) Struktur ....

J) Industrie ....

K) Konjunktur ....

L) Stabilität ....

M) Diktatur ....

N) Mobilität ....

4. Bilden Sie Verben, in denen Sie denselben Wortstamm verwenden wie im vorgegebenen Wort.

A) Demokratie ....

B) Kandidatur ....

C) Investition ....

D) Explosion ....

E) Expansion ....

F) Kommentar ....

G) Interesse ....

H) Reaktion ....

I) Profil ....

J) Konkurrenz ....

Abschlusstest

5. Kreuzen Sie die Wörter an, deren Endung richtig ist.

A)

	Informist
	Informant
	Informie
	Information

B)

	Demonstratismus
	Demonstration
	Demonstrant
	Demonstree

C)

	Funktionalität
	Funktion
	Funktionismus
	Funktionie

D)

	Struktur
	Strukturant
	Strukturation
	Strukturalismus

E)

	Industrial
	Industriation
	Industrie
	Industrialisierung

F)

	Pazifist
	Pazifistur
	Pazifismus
	Pazifie

Online-Link 803802-0007

6. Ergänzen Sie die Endungen.

A) In der aktu________ Lage

B) Mit großem finanzi_________ Aufwand

C) Die form________ Struktur

D) Das funktion________ Design

E) Eine geni________ Erfindung

F) Im gener________ Halteverbot

G) Mit einer offiz________ Zeremonie

H) Der id________, nicht aber der mater________ Wert

7. Notieren Sie jeweils die richtige Singular- und Pluralendung.

	Endungen	Singular	Plural
A)	ee / ea / ees / een	Id____	Id______
B)	i / o / en / um	Risik____	Risik____
C)	e / o / i / a	Skont____	Skont____
D)	iy / y / ie / ys	Hobb____	Hobb____
E)	um / on / ons / a	Lexik____	Lexik____
F)	- / e / s / en	Standard	Standard____
G)	on / um / en / a	Zentr____	Zentr____
H)	i / ie / ies / ien	Phob____	Phob_____
I)	on / um / a / en	Gremi____	Gremi____

8. Schreiben Sie die durchgestrichenen Wörter neu, und ergänzen Sie jeweils einen fehlenden Buchstaben.

A) ~~Engagment~~ ....

B) ~~Chane~~ ....

C) ~~Nivau~~ ....

D) ~~Detal~~ ....

E) ~~Managment~~ ....

F) ~~Desig~~ ....

G) ~~Chifre~~ ....

H) ~~Ingnieur~~ ....

I) ~~Sason~~ ....

J) ~~Banche~~ ....